사랑방에서 듣는

서양
문화

국립중앙도서관 출판시도서목록(CIP)

사랑방에서 듣는 서양 문화 / 구학서 지음. -- 파주 : 청아
출판사, 2014
    p. ;   cm

ISBN 978-89-368-1053-5 03900 : ₩18000

서양 문화사[西洋文化史]

920-KDC5
940-DDC21   CIP2014002315

사랑방에서 듣는 서양 문화

구학서 지음

초판 1쇄 발행 · 2014. 2. 5
초판 2쇄 발행 · 2014. 12. 1

발행인 · 이상용
발행처 · 청아출판사
출판등록 · 1979. 11. 13. 제9-84호
주소 · 경기도 파주시 광인사길 111
대표전화 · 031-955-6031   팩시밀리 · 031-955-6036
E-mail · chungabook@naver.com

ISBN 978-89-368-1053-5   03900

* 값은 뒤표지에 있습니다.
* 잘못된 책은 구입한 서점에서 바꾸어 드립니다.
* 본 도서에 대한 문의사항은 이메일을 통해 주십시오.

구학서 지음

WESTERN CULTURE IN OUR LIFE

사랑방에서 듣는

서양
문화

익숙한 서양 문화 뜯어보기

청아출판사

우리나라에서 서양 문화사 강의는 반세기 전부터 지금까지 대학의 교양과목으로 인기를 누리며 꾸준히 개설되고 있다. 서양 문화사가 교양과목으로 안정된 자리를 확보할 수 있었던 이유는 우리 사회에서 서양 문화에 대한 긍정적인 호기심이 커졌고, 서양 문화사 연구자들이 시대의 변화를 따라잡으려고 애썼기 때문이다. 예를 들면 보는 것에 큰 비중을 두는 최근 시대의 흐름에 부응하여 강의 명칭을 '영화로 보는 서양 문화사'로 바꾸거나, 영상 자료를 동원하여 수강생의 호기심을 충족시키려는 노력들이 있다.

1960~1970년대 서양 문화사 강의는 훌륭하다는 평가를 받은 서양 문화 연구물들을 선별, 번역하여 주교재로 삼고 주입식으로 이루어졌다. 이러한 번역 교재들은 일본을 통해 서양 문화를 바라보던 기존의 시각을 교정하는 데 기여했다. 1980년대에 이르러 우리 사회 모든 분야에

서 서양과의 접촉이 잦아지면서 우리 연구자들은 직접 서양 문화사 교재를 쓰기 시작했다. 그러나 1980년대 저술된 교재들은 편저의 성격이 강했다. 이는 서양 문화의 개론서를 쓸 수 있는 우리 연구자들의 역량이 미흡했기 때문이었다. 그래서 당시에는 아널드 하우저의 책《문학과 예술의 사회사》가 서양 문화를 이해하는 지침서 역할을 담당했다.

1990년대에 이르러 서양 문화를 바라보는 성향이 조금씩 바뀌기 시작했다. 지속적인 경제 발전을 위해 문화의 중요성이 인식되었고, 문화사가 학문의 영역으로 자리를 잡아 갔다. 이에 따라 서양 문화 연구자들은 많은 공을 들여 서양 문화에 대한 저술을 쓰기 시작했다. 이는 우리 사회에서 글로벌이라는 말이 일상용어가 되고, 영어 능력을 보고 사람을 평가하는 추세에 부응한 결과였다. 영어권으로 어학연수를 다녀오고 유학을 마쳐야 어렵지 않게 제도

권으로 진입할 수 있다는 믿음이 당연시되자, 이러한 흐름을 우려하는 경고의 목소리가 들리기 시작했다. 이후 우리 눈으로 서양의 실체를 파악하자는 주장이 제기됐으나 학계나 대중의 주목을 받지 못하고 있다. 우리의 시각으로 서구를 보고 평가하려는 시도가 아직 힘에 부친다는 말이다.

이 글의 앞부분은 1990년대 초반 조폐공사의 사보 〈조폐〉에 실렸던 글을 모은 것이다. 당시 2년여에 걸쳐 매월 한 꼭지씩 비중이 큰 서양의 역사적인 사건들을 나름대로 정리해 본 것인데, 이는 필자가 담당한 교양 서양 문화사 강의의 주제들이기도 하다. 오랫동안 교양 서양 문화사를 강의하면서 서양 문화의 이질성에 대해 불편함을 느낀 적이 한두 번이 아니었다. 틀린 것이 아니라는 생각으로 서양 문화의 다름을 받아들였지만, 우리 사회에서 대세로 통용되는 가치들을 보면 틀림으로 생각되어 고치고 싶다는 어리석은 마음을 가지게 된다.

　오늘날 우리 사회의 가족 구성원이 무자녀나 한 자녀로 뿌리내린 상황에서 다음 세대들을 지나치게 개인적이고 이기적이라고 탓할 수 없음을 인정한다면, 우리보다 먼저 이 문제를 겪고 나름대로의 해결책을 제시한 서구 사회로 눈을 돌려 볼 필요가 있다.

　30년 전 청아출판사 이상용 사장님과 글로 인연을 맺어 지금까지 글 신세를 지고 있다. 변함없이 격려하며 도움을 준 청아출판사 여러분들께 먼저 고마움을 전한다. 또한 주변에서 나에게 일할 기회를 주고 귀한 시간을 함께해 준 동료들과 젊은 벗들에게 깊은 감사를 바친다.

2014년 1월

구학서

01

우리 눈으로 보는 서양의 역사

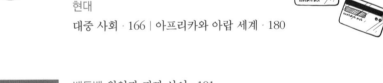

02

일상 속에 스며든 서양의 문화

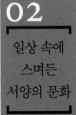

역사를 바라보는 시각의 중요성

   호메로스의 《일리아스》와 《오디세이》는 서구 여러 나라의 초·중등학교에서 반드시 가르쳐야 할 중요한 고전 작품으로 선정되었다. 호메로스의 이야기는 모두가 알고 있듯이 그리스 연합군이 목마를 이용해 트로이를 함락시키는 장기전의 경과를 다루고 있다. 그중 마라톤 전투는 자유를 지키려는 소수 아테네 정예 군대가 페르시아 제국의 대군을 격파해 기적의 승리를 거둔 것으로 널리 알려져 있다. 서구인들은 삶이란 피할 수 없는 싸움의 연속일 수밖에 없기에 승리의 쟁취는 고

귀한 일이며, 역사란 승자의 기록에 불과하다고 당당히 내세운다. 전쟁을 혐오하고 평화를 사랑하는 백의민족이라고 자부하는 우리 민족의 전통적인 세계관과 사뭇 다르다.

   그런데 많고 많은 전쟁 가운데 트로이 전쟁과 마라톤

호메로스 고대 그리스의 서사시 작가

전투가 서구 학생들이 반드시 알아야 할 기본 역사 지식이 된다는 것은 생각해 볼 필요가 있다. 동서고금을 막론하고 사람들은 자기에게 유리한 것에 가치를 두고 중요하다고 주장하는 경향이 있다. 일단 이러한 생각을 가진다면 트로이 전쟁이나 마라톤 전투는 서양인들에게 특히 유리한 전쟁이었다고 볼 수 있다.

트로이 전쟁이 일어날 즈음 고대 지중해 세계를 비추고 있던 문명의 빛은 동방에서 비롯되었다. 그래서 당시에는 '빛은 동방에서!'라는 의미의 'Lux Orientas'라는 말이 낯설지 않았다. 인류 문명의 발생지는 오늘날 이라크의 영토인 메소포타미아 지방이고, 서구에 최초의 철학을 전한 도시 밀레투스가 오늘날 아시아 터키 영토에 속해 있다는 것을 생각하면 물질 문명과 정신 문화가 동방에서 서방으로 전해진 것은 의심의 여지가 없는 사실이다.

트로이 전쟁과 마라톤 전투는 다르게 보면 빛이 시작되는 동방과 빛이 사라지는 서방의 전쟁으로 이해될 수 있다. 전해진 바에 따라 두 싸움의 시작과 진행, 결과를 생각하면 이 전쟁들로 인해 고대 문명의 전파 과정과 힘의 겨룸에 있어 역전 현상이 나타났음을 알 수 있다.

〈헬레네의 납치〉 트로이 전쟁의 발단이 되는 사건을 묘사한 프리마티초의 작품

　트로이 전쟁은 트로이의 왕자 파리스가 그리스 스파르타의 왕비 헬레네를 빼앗는 사건에서 비롯되었다. 고대 사회에서 강력한 선진국이 무력을 앞세워 후진국의 귀중품을 강제로 빼앗는 일은 승자의 권리인 동시에 우월한 능력을 과시하는 일이었다. 게다가 약소국의 아름다운 왕비라면 강자의 눈에는 헌납을 받을 대상이거나 약탈의 우선 대상으로 보일 수

있었다. 그런즉 동방의 선진 강국 트로이의 왕자가 후진 약소국 스파르타의 아름다운 왕비를 강탈한 것은 정복자의 당연한 권리였다.

후진 약소국인 그리스 도시들이 이에 반발하여 힘을 모아 동방의 선진 강국 트로이를 무찌른 것은 힘의 대결 그리고 문명의 전달 방향에서 과거와 다른 상황이 나타났음을 상징한다. 동방은 더 이상 선진 지역이 아니라 그 빛과 힘을 잃어 가는 무력한 지역이었다. 트로이 전쟁 이후 그리스인들은 빛이 동방으로부터 온다는 믿음을 버릴 수 있었고, 자신들이 빛을 발하는 주체라고 믿기 시작했다. 이 두 전쟁이 서구 문화권 전역에서 각별히 여겨지는 까닭은 여기에 있다.

같은 맥락에서 마라톤 전투도 생각할 수 있다. 기원전 4세기 그리스의 도시국가 아테네는 대제국 페르시아와 감히 힘을 겨룰 생각도 못했다. 그러나 아테네가 페르시아 제국과의 무역 분쟁에 연루된 반란 도시를 지원하면서 마라톤 전투가 벌어졌다. 그리스 역사가들의 기록에 따르면 아테네는 습지를 전장으로 선택해 어리석은 페르시아 제국의 기병을 끌어들여 대승을 거두었다고 한다. 마라톤 전투는 그리스군이 싸움에서 승리한 결과를 아테네에 전하려다 숨진 헌신적인 병사의 이야기로 치장을 더했고, 인간의 한계를 넘어선 위대한 그리스인들의 승리로 각색되었다.

이에 반해 페르시아 제국을 자국의 고대사에 포함시키고, 있는 이란에서는 마라톤 전투의 경과를 소략하게 다루고 페르시아 제국의 대왕 다리우스가 이룩한 많은 업적들에 대해서는 자세히 쓰고 있다. 지역 책임자 사트라프의 효과적인 지배, 고속도로 건설, 우편 제도 정비, (암행어사로 이해할 수 있는) 국왕의 감독관인 '눈과 귀' 제도 운영, 경제 발전을 입증하는 표준 화폐인 금화 제도 운영, 수에즈 운하의 전신인 나일 강과 홍해를 잇는 운하의 완성 등이 그것이다.

이란의 역사서에서는 마라톤 전투 이후 페르시아가 그리스를 무력으로 지배하지 않았으나 경제를 통해 간접적으로 복속시켰다고 서술하고 있다. 여기서 주목해야 할 내용은 고대 페르시아와 고대 그리스 사이의 관계를 다룬 사료 모두가 그리스 역사가에 의해 기록되었다는 사실이다.

서양사에서 프랑스 대혁명은 근대 서양 사회의 발전을 다룰 때 혁명의 발생 원인과 경과, 결과와 영향까지 상세하게 다뤄진다. 사실 프랑스 대혁명은 여느 혁명과 동격으로 취급

프랑스 대혁명 시민들에게 공격받는 바스티유 감옥

되지 않고 '대혁명'이라는 명칭으로 특별 대접을 받는다. 기존의 수많은 프랑스 대혁명 연구는 부르주아 시민 계급이 경제적인 힘을 기반으로 낡은 봉건 세력을 제거하고, 겨우 목숨을 이어 가던 봉건 사회를 매장했다는 해석을 정설로 받아들였다. 하지만 역사가들이란 어떠한 해석에 대해 다른 시각으로 바라볼 수 없는지 의심하는 훈련을 받은 사람들이다. 이에 따라 이들은 기존의 정설과 다른 다양한 해석을 내놓았고, 오늘날 나름대로 평판을 얻고 있다.

프랑스 대혁명 연구의 대부분은 혁명의 발생 원인을 시대 착오적인 봉건적 가치관을 견지한 부르봉 왕조의 무능함에서 찾고 있다. 반면 역사가들은 부르주아 계급이 새로운 시대정신을 토대로 근대 사회를 일구어 가며 일취월장 발전하는 세력이었음을 밝혀냈다. 몰락하는 봉건 세력과 떠오르는 부르주아 계급을 대조함으로써 프랑스 대혁명에 대한 정설은 더욱 설득력을 지녔다. 하지만 가치중립성과 사실의 객관성을 강조한 역사가들이었음에도 이들이 다룬 프랑스 대혁명 연구는 부르주아는 긍정적으로, 부르봉 왕조는 부정적으로 판단하는 것에 고정되어 있다.

균형적, 객관적, 종합적 판단을 중요하게 여기는 역사 연구에서 패배한 세력의 시각으로 프랑스 대혁명을 해석한 연구를 찾아보기 어렵다는 사실은 어딘가 빈틈이 있는 것으로 보인다. 일방적인 역사 연구와 그 성과물에 토대를 둔 해석은 승리한 세력에게 지나친 자만심을 불러일으킬 뿐더러 패배한 세력에게는 뼈에 사무치는 원한을 품게 만들 위험이 있다.

그런즉 역사 해석에 있어 정설이란 승자의 입장에서 정리하는 지식 및 가치 체계에 불과하다는 결론에 이른다. 이러한 의식 속에서 우리나라 역사 연구의 편향성도 지적할 수 있다. 필자는 현실 권력 싸움에서 승리한 자가 과거에 발생한 수많은 역사적인 사건 가운데 자신에게 유리한 사건들을 골라 역사적인 기억으로 만들고 재생산하며 지속시킨다는 주장에 공감한다.

18세기 조선 후기부터 19세기를 거쳐 오늘날에 이르는 한국 사회를 설명하는 정설은 권력의 이동과 관련이 있다. 조선시대는 중기 이후 양반 계급이 사회를 장악했고, 일제 강점기에 신분 사회가 해체되었으며, 이후 친일파와 친미파의 득세가 정착되었다. 그런데 이러한 정설은 해체된 신분 사회 이후 어느 세력이 새로운 사회를 주도했는지 정리하고 있지 않다. 즉 일제 강점기 시절 득세했던 친일 협력자들이 해방 후에도 우리 사회를 주도했다가 이후 친미 세력이 우리 사회를 장악했다는 주장들만 보인다는 것이다.

그렇다면 친일 또는 친미 세력은 어떤 사회 세력에 속했는지 궁금하지 않을 수 없다. 양반 세력이 변신에 성공하여 변함없이 권력을 잡았는지, 아니면 신분 사회가 해체되어 시민 세력이 성장해 권력을 장악했는지에 관한 설명이 없다는 것이다. 여기서 친미파와 친일파의 사회적 출신 성분을 검토하고, 피라미드 형태의 사회계층 구조에 위치시키면 이들은 서로 다른 계급이 아니라 같은 계급이다. 즉 사회적인 지위도 다르지 않고 나아가 이들이 지향하는 방향성도 동일하다는 결과가 나온다.

오늘날 우리나라의 사회적 역학 관계가 이러하기에 근현대 역사 연구는 몰락하는 양반 계급의 시각에서 평가하자는 주장이 제기되었다. 또한 비천한 신분에서 해방된 사람들의 입장에서 역사를 해석하자는 주장도 미력하게나마 소리를 내고 있다. 지나간 시대를 바라보는 여러 시각이 병존하는 현상은 새로운 세력이 과거의 지배 세력을 철저히 제거하지 못했기 때문에 나타난다. 낡은 세력과 현재 세력의 엉거주춤한 균형 위에 오늘날 우리 사회의 권력 지도가 그려진다.

오늘날 우리 사회는 공세 보수와 그에 맞서는 수세 진보 그리고 세력 형성에 관심 없는 절대 다수로 나눌 수 있다. 사실상 주인이면서도 주인 의식이 없어 실력을 행사하지 못하고 있는 다수를 제외하면 보수 및 진보 두 세력 사이의 불안한 균형이 오늘의 현실을 만드는 원천이다. 민주공화국인 대한민국에서 우리는 스스로 사회의 주인이라는 사실을 확신하고 현실에서 눈을 돌리지 않으며 사회를 조금이라도 바람직하게 만드는 노력에 힘써야 한다. 서구 정치학의 비조鼻祖

인 아리스토텔레스는 일찍이 인간을 '정치적 동물'이라고 단정하며 사람들은 생존 경쟁의 치열한 현장인 정치에서 벗어날 수 없다고 말했다. 진실로 우리에게 도움이 될 세력을 키워 나가는 분투는 우리가 미래에도 주인으로 남아 있기 위해 마땅히 행할 처신이다.

더불어 과거의 역사를 변할 수 없는 절대적 진실 그 자체라고 확신해서는 안 된다. 역사적으로 특별히 중요한 의미를 지닌 사건이라도 누군가에 의해 선택되고 의미가 부여된 지식 체계의 일부라는 사실을 의식해야 한다. 모든 사물과 사건들에 가치를 부여하고 경중 여부를 판단하는 일은 현재의 사회적 힘의 관계와 무관하지 않다.

기록되어 전해진 역사와 오늘의 세상사를 비판적인 시각에서 바라보는 습관은 자본주의 사회에서 바보로 취급받지 않겠다는 단호한 마음가짐이다. 우리의 시각에서 역사를 기록하고 의미를 부여하는 노력은 유리한 가치 체계를 세우고 그 토대 위에서 우리의 삶과 후대의 삶을 꾸려 가겠다는 의지의 표명과 같다.

역사를 바라보는 시각의 중요성

01

우리 눈으로 보는

서양의 역사

고대 · 중세 · 근대 · 현대

01
고대
ANCIENT AGES

헤브라이즘

oooooooo

　서양 문화 전반에 대해 일반화하여 말하는 일은 어렵다. 문화에 관한 일반적인 정의를 내리기 위해 여러 나라의 전통이나 문화를 하나의 공통분모로 묶어 소개할 수 있을 것인지의 문제가 나타날 수 있기 때문이다. 그러므로 동양이든 서양이든 문화에 관한 일반적인 정의는 이론의 여지를 남길 수밖에 없다. 이러한 한계를 인정하고 조심스럽게 서양 문화에 접근하면 그 문화 기반에 헬레니즘과 헤브라이즘이 있음을 알 수 있다.

　헬레니즘Hellenism은 '헬렌Hellen의 사람들이 만든 문화'를 가리키는 용어이다. 여기서 말하는 헬렌은 헬라어를 사용하는 사람들

또는 이들이 살아가는 지역을 지칭한다. 오늘날 대체로 헬라Hella 라는 지역과 헬라어는 그리스와 그리스어로 받아들여진다. 그리스 헬레니즘의 문화 전통은 무엇보다 인간의 이성理性을 신뢰한다. 오늘날 서구의 여러 나라는 헬레니즘의 문화 전통이 자신들의 뿌리를 형성한다고 믿는 듯하다. 인간의 이성을 믿는 문화 전통이 인간 자신의 존엄성을 확립하는 하나의 방식이라면 서양인들은 이와는 정반대인 인간의 존엄성을 확립하는 방식을 헤브라이즘이라고 규정한 듯하다.

헤브라이즘Hebraism은 헤브라이 민족의 사람인 유대인들의 문화 전통이 서구화된 것을 지칭하는 말이다. 필자는 헤브라이즘을 이스라엘의 지도자인 모세가 활약하고 구약성경이 쓰였던 시절, 인간과 자연, 인간과 인간 사이의 관계를 인간과 야훼(하느님을 일컫는 말) 사이의 관계로 바꾸어 놓은 유대인들의 생각이 서유럽 사람들에게 수용된 것이라고 생각한다.

서유럽 사람들은 다른 지역의 문화 전통을 자신들의 문화 전통에 알맞은 것으로 변용시키는 데 솜씨가 있고, 중국의 한漢민족 역시 이런 방법에 뛰어난 솜씨를 보인 바 있다. 자신의 전통적인 가치를 버리지 않고 다른 문화를 자신의 것으로 변용시키는 힘은 여유와 자신감이 없으면 불가능한 법이다. 이런 점에서 보면 서유

✦ **〈아우구스투스와 티부르의 시빌레〉** 아우구스투스가 델포이 신전의 여사제 시빌레에게 신탁을 묻고 있는 장면을 묘사한 양투안 카롱의 작품. 시빌레가 손으로 하늘을 가리키며 예수의 탄생을 예고하는 모습은 그리스 신의 시대가 끝났음을 의미한다.

럽 문화와 중국 문화의 여유는 우리가 공을 들여 배우고 키워야할 덕목이 아닐 수 없다.

헤브라이즘의 내용으로 먼저 손꼽을 수 있는 것은 유일신唯一神 사상이다. 이 사상은 단순한 것 같지만 결코 그렇지 않다. 유일신 사상은 신은 오직 하나뿐이라는 생각이다. 오직 야훼만이 신이고 그 밖의 어느 것도 신이 될 수 없다는 생각은 유대인으로 하여금 선민의식選民意識을 가지게 했다.

기원전 11~14세기 즈음 모세가 유대인을 애굽(이집트)으로부터 이끌어 젖과 꿀이 흐른다는 가나안 지역으로 인도했을 당시 지구상 거의 모든 민족들은 자연신을 섬기고 있었다. 인류는 주된 먹거리로 농업을 확립한 이래 풍년을 기원하는 마음으로 비, 바람, 태양, 소 등 한 해의 농사 수확에 영향을 미치는 자연현상을 두려워하고 한편으로 감사하게 생각했다. 이런즉 자연을 신앙의 대상으로 삼는 일은 고대 사람들에게 자연스러운 일이었다. 이 현상은 그리스 올림포스 산에 사는 신들에게 제사 지내고, 사제를 통해 도시 수호신에게 신탁神託을 구하던 헬렌 사람들의 신화에서도 확인된다. 헬렌 사람들은 자연현상을 관장하는 각각의 신들을 지역의 생존 여건에 따라 따로따로 섬겼다.

고대 서양 사람들이 유대인들의 유일신 사상을 신앙으로 개종

한다면 헬렌의 삶과 전혀 다른 삶을 꾸려 나가게 될 것이었다. 왜 냐하면 유대인들은 전지전능하고 초월적 존재인 야훼만을 오직 신으로 믿고 자연에 대한 숭배를 강하게 거부했기 때문이다. 유대 인들에게 있어 자연이란 야훼의 놀라운 솜씨를 드러내 보이는 창 조물에 불과했고, 인간이 야훼 이외의 어느 대상을 신으로 섬긴다 면 우상숭배의 죄를 범하는 것이었다. 야훼가 모세를 통해 인간에 게 준 십계명 가운데 가장 중요한 첫 계명은 '나 이외의 다른 신 을 섬기지 말라'라는 것이다. 이는 야훼가 우상숭배를 가장 싫어 하는 범죄 행위로 판단하고 있음을 알려 준다.

그런즉 자연신을 섬기는 다른 민족과 유대인들은 우호적인 관 계를 유지하기 어려웠다. 유대인들과 주변 민족들 사이에 불편한 관계를 만든 핵심 원인은 유대 민족이 자연신을 섬기는 다른 민 족을 우습게 여긴 것에 있다. 여기서 유대인들의 믿음을 가만히 따져 보면 인간과 자연 사이의 관계를 완전히 새롭게 규정하는 혁명적인 것이었다.

조물주를 제외하고 피창조물 가운데 순위를 정할 때, 인간은 자 연보다 상급자가 된다. 비유를 들어 말하자면 인간의 계급은 국 무총리에 해당하고, 태양은 참모총장, 비는 사단장 정도에 해당한 다. 그렇다면 인간이 가뭄 때 기우제를 드리는 행태는 국무총리가 사단장에게 잘 봐달라고 애원하는 있을 수 없는 일이 되고야 마는 것이다. 게다가 창조주 야훼는 인간에게 자연이란 섬길 대상이 아니라 정복하고 지배할 대상이라는 축복도 내려 주었다. 하지만 인류의 모든 고대 사회에서 유대 민족을 제외하고는 인간이 자연을 정복 대상으로 평가 절하한 경우는 거의 없다.

야훼를 제외한 그 무엇도 섬김의 대상으로 삼지 않자 인간과 인간의 관계에도 혁명적인 변화가 나타났다. 고대 사회에서 사람들은 왕을 보통 사람들과 다른 종류의 고귀한 사람으로 간주했다. 이런 연유로 왕족은 왕위를 대물림하면서 통치 권력을 정당화하기 일쑤였다. 이에 따라 민족들은 왕을 마치 신처럼 섬겼다. 그러나 야훼만을 숭배의 대상으로 삼는 유일신 사상을 떠올리면 왕을 신처럼 섬기는 것 역시 우상숭배의 죄를 범하는 것이었다.

왕은 통치의 책임을 가진 사람이기는 해도 인간에 불과하기 때문에 잘못을 범할 수 있다. 이럴 경우 야훼는 선지자를 보내 왕을 책망하고 왕은 이를 회개해야 한다. 그러나 이런 과정은 고대 사회 가운데 왕권이 확립된 국가 체제에서 거의 나타나지 않았다. 왕을 책망하는 일이 반란이나 역모를 꾸미는 것이 아니라 바른 통치를 위해 필요한 일이라는 인식은 야훼를 제외한 모든 인간이 평등하다는 뜻과 같다. 이는 인간의 존엄을 높이는 계기를 뒷받침하고 있는 말이다.

인간의 이성을 믿는 방식을 취하든, 유일신인 야훼를 믿든 관계 없이 인간은 역사를 경험하며 바라던 바를 조금씩 실현했다. 고대 사회부터 오늘날에 이르기까지 변함없이 우리 인간이 진정 바라던 바는 무엇일까? 우리가 이미 감지했듯 그것은 아마도 '인간의 존엄'이었을 것이다.

헬레니즘

기원전 8세기경 지중해의 동쪽 끝 작은 반도에는 많은 도시국가Polis들이 있었다. 이 지경地境에 사는 사람은 헬렌의 후손이라는 뜻에서 자신들을 헬레네스Hellenes라고 불렀고, 사는 지역은 헬라라고 불렀다. 후대의 로마인들은 이들을 그리스인이라고 지칭했다. 헬라인들은 조국을 자신들이 살고 있는 폴리스에 국한시켰다. 이들은 로마인들처럼 커다란 제국을 건설하는 원대한 꿈은 키우지 못했지만 지방분권 또는 지방자치제라는 자유의 전통을 후대에 물려주었다.

폴리스는 지중해 전역에 약 2천 개가 있었다. 이렇게 폴리스가 많다 보니 각각의 폴리스에 속한 인구는 적을 수밖에 없었다. 폴리스 가운데 잘 알려진 아테네의 경우 가장 큰 편에 속했는데, 그 인구도 2만 명 정도에 불과했다. 이러한 인구에는 여성과 노예를 제외하고 오직 자유민만이 포함되었다. 다른 폴리스들의 인구 규모는 아테네의 1/4 정도로 추정된다.

폴리스는 성립 초기에 왕정의 형태를 지녔으나 권력을 잡은 몇몇 가문이 왕정을 뒤엎고 지배권을 장악했다. 이 기간을 과두정(寡頭政, Oligarchy)이라고 부른다. 그 후 다시 많은 자유민들이 자신들의 대표를 뽑아 그 대표에게 일시적으로 권력을 행사하게 하는 정치체제가 마련되었다. 이를 민주정Democracy이라 부르며 그 기원은 아테네에 두고 있다. 아테네에서 민주정이 실시되는 동안 시민들은 문자 그대로 민民으로서 주인 역할을 했다. 예컨대 어느 시민이 신전 건축 비용의 일부를 부담했다면 그는 신전이 제대로 세워지는지 감독할 권한을 가졌고, 전함의 건조 비용을 전담했다면 그는 직접 눈으로 전함의 건조 과정을 살펴볼 뿐만이 아니라 전함의 사령관직을 맡을 수 있었다.

아테네에서는 민회가 열리는 동안 긴 줄을 들고 길거리 광장Agora을 쓸었다. 만약 누군가 아고라를 어슬렁거리다가 이 줄에 닿으면 민회에 참석하지 않고 놀고 있다고 벌금을 내야 했다. 또

✦ 아테네 시내에서 올려다 본 아크로폴리스

한 통치자들과 시민들은 서로 알고 지내는 사이여서 시민들이 마음에 들지 않는 정책 결정이 있다면 통치자를 만나 언쟁을 벌이기도 했다. 이런 만남과 토론이 벌어진 장소가 아고라였다.

아테네 민주정의 기초는 선의무 이행 후권리 행사였으며 또 다른 기초는 공공 업무에 대한 시민의 관심이었다. 의무 이행은 세금 납부에서 시작되었다. 그러나 의무 이행을 완수한다고 해서 민주정이 정착되는 것은 아니었다. 아테네 민주정의 여러 제도를 보면 시민은 권한 행사에 소홀하거나 무관심할 수 없었다. 그러나 아테네를 본받은 후대 서구의 민주정은 고대 아테네가 지녔던 한

계도 이어받았다. 19세기 말까지 여성과 노예, 세금을 낼 수 없는 빈궁한 사람들을 정치 권리 행사에서 제외한 것이다. 이처럼 오랫동안 이어진 차별적 악행은 20세기 초 형식적인 평등이 마련되었음에도 없어지지 않았다.

그리스 신화는 고전 시대 헬라인들의 삶을 이해하는 데 가장 중요하다. 예컨대 호메로스의 작품은 헬라의 여러 신들에 대한 이야기를 통해 헬라인들의 삶이 어떠했는지 알려 준다. 신들은 눈 덮인 올림포스 산의 정상 부근에서 헬라의 평범한 사람들처럼 살았다. 신은 죽지 않는다는 것이 신과 헬라인의 유일한 차이점이었다. 모든 폴리스들은 각 도시에 자신들의 수호신을 두었고, 중요한 일을 결정할 때 수호신의 의사를 확인하고 처리했다. 그런즉 당시 신탁은 주술적인 행사가 아닌 공적인 업무 처리 과정이었다.

델피 신전의 여사제인 피티아는 신의 생각을 확인하는 방법으로 짐승을 불태우는 번제를 사용했다. 예컨대 쥐가 포대를 갉거나 수탉이 우는 것은 불길한 징조라고 간주했다. 이들은 피티아가 말하는 것이 곧 신의 명령이라고 믿었다. 게다가 피티아가 내뱉는 신탁들은 정확하게 표현되는 것이 아니라 암시적인 말로 언급되었기 때문에 신전의 사제들은 이런 말의 진의가 무엇인지 바르게 해석해야 했다.

헬라인은 선 채로 기도를 했다. 하늘의 신에게 기도를 드릴 때면 손바닥을 하늘로 향하게 하고 팔을 들어 기도를 했고, 지하의 신에게 기도를 드릴 때면 손바닥을 땅으로 향하게 하고 기도를 했다. 그리고 마치 가까운 친구에게 말하듯이 기도를 했다. 신과 헬라인의 관계는 유대인과 야훼의 관계와 크게 달랐다.

그리스 신화를 보면 올림포스에 사는 헬라의 신들은 여러 점에서 인간과

✦ 피티아 고대 그리스의 신전에서 신탁을 하던 일종의 무녀이다.

비슷했다. 사랑하고 질투하고 주책 부리고 심지어 인간에게 잘 보이려고 로비하는 신들이 있었는가 하면 인간이면서도 헤라클레스처럼 겁 없이 신에게 맞서기도 했다. 이는 자연현상을 주관하

는 각 신들에 대한 인간의 도전이라고 볼 수 있다. 헬라인들은 자연현상에 대해 정확한 과학 지식을 가질수록 신과 비슷한 위치로 올라가 대등하게 힘을 겨루었다.

　그리스 신화에서 종종 나타나는 올림포스의 신과 인간의 싸움은 언제나 신의 승리였다. 하지만 이 신화가 담고 있는 중요한 의미는 신에 대한 인간의 도전, 인간이 자연현상을 이성으로 파악하려는 시도가 끊이지 않았다는 점이다. 헤브라이즘처럼 아름다운 야훼의 세계를 경탄하는 것으로 만족하지 않았다. 인간의 이성으로 신의 비밀을 찾아내려는 헬라인들의 시도는 이성에 대한 믿음이라는 또 다른 서구 사상을 형성했다. 야훼를 향한 무조건적인 신앙이 아닌 인간의 이성을 가치 판단 및 행위의 기준으로 삼은 것이 헬레니즘이다.

올림픽

ⵔⵔⵔⵔⵔⵔⵔⵔⵔ

　2008년 8월 베이징 올림픽은 먹고사는 문제에 허덕이는 대한민국 서민들에게 큰 기쁨을 선사했다. 우리나라는 역대 올림픽 출전 사상 최고의 성적인 7위를 거두었고, 수영의 박태환, 여자 역

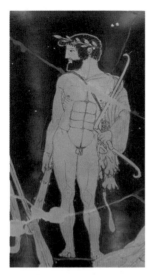
＋ 고대 올림픽 우승자의 모습

도의 장미란, 배드민턴의 이용대, 야구의 김광현, 류현진 등 젊은 선수들이 새로운 종목에서 금메달을 획득했다. 역도, 레슬링, 복싱 등 전통적인 강세 분야가 아니라 새로운 분야에서 치열한 경쟁을 거쳐 세계 최고임을 공인받은 사실은 무엇이든 해낼 수 있다는 자신감으로 이어졌다.

그리스에서 시작된 고대 올림픽 경기는 남성만이 벌거벗고 참가할 수 있었다. 고대 올림픽 우승자는 금메달을 목에 거는 대신 머리에 월계관을 쓰고 축복을 받았다. 이들의 출신 지역 폴리스는 우승자를 환영하기 위해 좁은 길을 넓히려고 벽을 헐기도 했다. 당시 많은 그리스 폴리스들도 우승자들에게 명예를 높였다고 하여 푸짐한 선물을 주었다. 이는 오늘날 메달을 획득한 선수들이 포상금과 병역 혜택을 받는 것과 비슷하다.

고대 그리스인들은 오직 신의 축복을 받은 사람만이 우승자가 될 수 있다고 믿었기에 우승자를 부러워했다. 인간이 이룩한 대단한 업적을 신의 축복의 결과로 보았던 것이다. 이들은 인간이 범하는 많은 잘못 가운데 교만, 즉 '휘브리스hybris'를 특히 죄악시했다. 베이징 올림픽 당시 기자회견장에서 일본 야구 감독인 호시노가 한국 야구팀에게 보인 교만한 태도는 고대 그리스인들이 보기에 큰 대가를 치러야 마땅할 범죄행위였을 것이다.

1896년, 프랑스 귀족 쿠베르탱은 없어졌던 고대 올림픽을 부활시켰다. 대규모 전쟁이 발생할 것을 예상하고 전쟁 중단과 평화를 외치며 부활을 주도했는지 알 수는 없지만, 오늘날 세계인의 축제인 올림픽은 20세기 초 유럽을 중심으로 부활했다. 부활한 올림픽은 모든 인류의 평화를 상징했다. 그러나 인류를 전대미문의 참화로 내몬 히틀러가 베를린 올림픽을 인류 축제의 놀이마당으로 꾸민 사실은 올림픽이 순수한 스포츠만이 아니었다는 점을 일깨워 준다.

실제로 근대 올림픽은 부활 직후부터 개최국이 되기 위한 선정 로비, IOC 위원들의 부패, 선수들의 약물 복용 등 숨겨진 치부로 얼룩져 왔다. 심지어 뮌헨 올림픽의 경우 정치적인 갈등으로 이스라엘 선수들이 선수촌에서 집단 처형된 일도 있었다. 최근에는 특히 올림픽 상업화의 문제가 부각되고 있다. 이는 천문학적인 TV 중계료나 스포츠 용품 업계의 사활을 건 판매 경쟁 때문이기도

✦ **올림피아** 고대 올림픽이 열리던 그리스의 옛 도시

하다. 언제 어디서든 많은 돈이 오가는 분야에서는 뇌물과 부정부패가 발생하기 마련이다.

올림픽 관련 문제는 이뿐만이 아니다. 문제의 본질은 미국 수영선수 마이클 펠프스의 8관왕과 사이클 종목에서 8개의 금메달을 영국이 휩쓴 사실에 있다. 이와 반대로 역도, 양궁, 태권도를 살펴보자. 장미란은 중량급 인상, 용상, 합계에서 세계 신기록을 세우며 겨우 하나의 금메달을 땄다. 과거 올림픽 역도는 인상, 용상, 합계를 각각 따로 시상했다. 이 경우라면 장미란은 3관왕이 된다. 그런데 IOC는 언제부터인가 역도의 메달 수를 1/3로 줄였다. 양궁은 한국의 독식을 막기 위해 경기 방식을 변경하고 종목 메달의 수를 대폭으로 줄였다. 설상가상으로 태권도는 올림픽에서 퇴출이 논의되고 있다. 그렇다면 왜 수영은 자유형, 접영, 배영, 혼계영, 100M, 200M, 400M 등 그렇게도 종목이 많고, 사이클에도 14개의 종목이 있으며 카누, 카약, 마술에도 적지 않은 종목이 있는 것일까.

대한민국이 뛰어난 성적을 내는 경기 종목들은 왜 올림픽에서 쉽게 견제를 받고 퇴출 위기에 빠지는 것일까. 양궁은 서양인들이 만든 종목임에도 한국의 독주 낌새가 보이자 IOC는 즉시 종목 메달의 수를 줄이는 결정을 내렸다. 반면 일본 유도는 한동안 올림픽 메달을 독식했었지만 IOC는 메달의 수를 줄이지 않았다. 그렇다면 우리가 국제 사회에서 무슨 이유로 억울한 일을 당하는지 스스로에게 물어야 한다. 무엇보다 먼저 돌아볼 사실은 우리 자신에게 부여하는 몸값과 국제 사회가 우리를 평가하는 몸값에서 큰 차이가 난다는 것이다. 우리가 국제 사회에서 낮은 평가를 받는 이유 중 하나는 한반도가 지구상에서 유일하게 분단국가로 남아 있다는 사실이다.

인류의 화합을 명분으로 내건 올림픽 축제에서 기본적으로 요구하는 것은 평화 지향, 적대 관계의 해소이다. 이를 생각해 볼 때 오늘날 우리 민족은 기본 자격을 갖추지 못한 것이나 다름없다. 우리나라는 OECD 소속 국가로 국가 경제력이 만만치 않고 올림픽에서도 상위권의 성적을 내고 있다. 하지만 분단국가이기 때문에 국제적 평판이 높을 수 없다.

하나를 보고 다른 모든 것을 평가하는 태도는 잘못된 방식이다. 그러나 애석하게도 국제 사회는 우리를 그런 방식으로 평가하고 있다. 동·서유럽이나 터키, 이집트, 중국을 여행할 때마다 변함없이 받는 질문은 북한에서 왔느냐 남한에서 왔느냐이다. 당연한 질문을 반복해서 받다 보니 속상했지만 외국인들이 한국을 바라보는 기본적인 태도를 알 수 있었다.

✦ 그리스 도자기에 새겨진 고대 올림픽 경기 모습

우리가 아무리 잘났다고 소리쳐도 많은 국가들이 너희는 아직 멀었다고 판단한다는 사실이다. 소크라테스의 귀중한 가르침인 '너 자신을 알라'라는 말은 잊지 말아야 할 금언金言이다. 자신의 부족함을 인정하는 태도야말로 더 나은 발전을 위한 초석임을 우리 모두는 알고 있다.

로마 제국 I

○○○○○○○○

우리는 고대 로마와 관련된 이야기들을 많이 알고 있다. '로마는 하루아침에 세워지지 않았다', '모든 길은 로마로 통한다', '로마에 가면 로마의 법을 따르라', 오드리 헵번과 그레고리 펙이 주연한 영화 〈로마의 휴일〉 그리고 최근 우디 앨런의 〈로마 위드 러브〉에 이르기까지 로마는 우리에게 친근하다. 로마를 역사의 소재로 삼은 영화 작품들도 부지기수이다. 〈벤허〉, 〈로마 제국의 멸망〉, 〈스파르타쿠스〉, 〈클레오파트라〉, 〈칼리굴라〉 등이 그것이다. 이에 비해 고대 그리스의 폴리스를 소재로 삼은 영화는 〈트로이〉, 〈오디세이〉 등을 제외하면 생각나는 것이 많지 않다.

대외무역 의존도가 특히 높은 우리나라는 이웃 나라의 영향을

✤ **포로 로마노** 고대 로마의 중심지로 로마의 정치, 상업, 종교 활동이 활발히 이뤄졌다.

강하게 받으며 살아간다. 우리의 삶에서 미국과 중국, 일본의 영향을 받지 않은 부문을 찾는 것이 쉬운 듯하다. 근래 미국의 영향을 제외한다면 우리의 삶에 미친 일본의 영향은 주로 해방 직후의 생활 방식에 집중되어 있다. 또한 근대 이전에는 중국의 영향권에 들어가 있었음을 부인하기 어렵다. 사실 식민지 강점 시기 이전 우리의 삶에 가장 큰 영향을 미친 이웃 나라는 중국이었다.

중국에는 수, 당, 명, 청 등 여러 왕조가 있었고 그 가운데 우리는 특히 한漢이라는 말에 익숙하다. 우리는 중국인들을 한족이라고 부르고, 한자, 한문, 한약, 한의사 등의 말에 익숙하다. 이로부터는 중국의 역대 왕조 가운데 한나라가 우리나라뿐만이 아니라 동북아시아 지역에 커다란 영향을 미쳤다는 것을 알 수 있다. 우리나라 여행객들에게 일본, 홍콩, 싱가포르 등지에서 그 나라의 언어는 모른다고 해도 한자를 쓰면 대충 의사소통이 가능하다는 이야기를 듣는다. 그럴 때면 동북아시아 주변에 뿌리내린 중국 문화 특히 한나라 시대의 위력이 느껴지곤 한다.

서구 문화권 전역에서는 로마가 바로 중국의 한나라가 동북아시아 지역에서 행사하는 것과 같은 위력을 과시한다. 로마의 문자인 라틴어는 로마 외곽 지역에 거주하던 라틴족의 문자에 불과했다. 그러나 오늘날 우리의 식자층이 한문을 사용하여 학식을 뽐내듯 서구의 식자층은 라틴어를 사용하며 학식을 과시한다. 그리고 유럽의 명문 대학 입학시험 과목에는 라틴어가 빠지지 않는다. 이는 2,500여 년 전 티베르 강변의 작은 언덕 위

✦ 율리우스 카이사르의 〈갈리아 전기〉는 라틴어 작품의 대표작으로 꼽힌다.

에 세워진 로마 공화정이 얼마나 높은 문화 수준을 가지고 영향을 미쳤는지 보여 주는 증거이다.

2천여 년 전 로마는 서구에 알려진 인간이 살 만한 지역의 대부분을 정복했다. 로마의 정복이 군사적인 정복에 그쳤다면 로마는 다른 정복 왕조와 다를 바 없이 우리의 기억 속에서 잊혔을 것이다. 그러나 로마의 세계 정복은 힘에만 의존하는 군사적인 정복에 그치지 않았다. 피정복민들에게 로마인의 지배를 당연시 여기게 하고, 지배에 정통성을 인정하는 정복을 성공적으로 수행했다.

피정복민들에게 강압책을 써서 지배의 정통성을 지속적으로 얻는 것은 부담이 크고 하책下策에 속한다. 피정복민들의 자발적

인 복종을 이끌어 내기 위해 로마의 지배자들이 노심초사하며 고안한 방법은 법의 지배 방식이었다. 이들은 오랫동안 변함없는 지배를 하기 위해 꾸준히 법을 개정했다. 로마의 지배자들은 변화하는 정치 지형에 따라 지배 방식을 조금씩 바꾸었고 때로는 혁명적인 방식을 동원했다.

로마의 지배자들이 변신의 천재였다는 것은 기독교의 수용 과정에서도 분명하게 드러난다. 기독교가 들어오기 전 로마는 그리스 올림포스 12신들의 이름을 로마식으로 개명하며 신앙의 대상이 되게 했다. 이후 로마가 동방을 정복하면서 이집트의 신들, 마니교, 미트라교, 유대교, 기독교 등이 들어왔다. 로마는 판테온(만신전)을 세울 정도로 종교에 관용적이었다. 초기에는 기독교가 사회 문제를 일으킬 정도로 교세를 넓히지 않았고, 로마 당국의 묵인하에 민간 사회, 특히 하층의 사람들과 여성들 사이에서 교세를 키워 갔다.

이후 로마 제국이 통치의 유연성을 잃고 황제 중심의 전제 정치로 퇴행하면서 황제 숭배가 사회 전역에서 강요되었다. 이때 꾸준히 세력을 키운 기독교도와 로마 당국이 충돌했다. 우상숭배를 엄금하는 기독교의 교리를 따르면 기독교도가 로마의 황제 숭배를 받아들이는 것은 불가능했다. 다만 기독교를 전파하는 과정

✦ 〈**네로의 횃불**〉 네로가 기독교 신도를 박해하는 모습을 묘사한 헨릭 지미라즈키의 작품. 기독교도를 화형할 준비를 하고 있는 장면으로 귀족과 평민들이 편안하고 즐겁게 이 광경을 지켜보고 있다.

에서 처음부터 로마 당국과 충돌을 원치 않았던 초기의 사도들은 '하느님의 것은 하느님께, 가이사의 것은 가이사에게'라는 예수님의 애매한 표현을 이용해 이 문제를 덮은 바 있었다.

이러한 가운데 로마에서 대화재(A.D. 64년)가 발생하자 황제 네로는 기독교도에게 방화 책임을 덮어 씌우고 기독교들을 대규모로 처형했다. 이후에는 철인 황제로 유명한 마르쿠스 아우렐리우스도 기독교도들을 박해한 바 있다. 그러나 한 세기가 지난 후 콘스탄티누스 1세 황제가 밀라노 칙령(A.D. 313년)을 내려 로마에서 기독교를 공인하면서 분위기가 바뀌었다. 이후 테오도시우스 1세 황제도 기독교를 국교로 공인(A.D. 392년)하고 기독교 이외의 다른 종교를 이단으로 처벌했다. 로마에서 기독교의 처지는 방임, 박해, 공인을 거쳐 국가의 종교로까지 변화를 거듭했다. 이는 로마의 지배자들이 시대 변화에 훌륭하게 대응한 결과로 보인다.

시간이 흐름에 따라 인간과 자연 모든 것은 변한다. 그렇다면 인간이 만든 제도나 통치 기구도 시간이 지나면서 변해야 마땅할 것이다. 로마는 변화에 민감하게 대응하면서 자신들이 만든 체제를 천 년 넘게 지속할 수 있었다. 현실적으로 가능한 최선의 방식을 찾으며 실용성을 중시했던 로마의 정치체제는 후대 제왕들에게 모범이 되었다.

로마 제국 II

ooooooooo

앞에서는 장구한 세월을 거쳐 살아남은 로마 제국이 서구 문화의 토대를 형성할 수 있었던 이유를 살펴보았다. 더불어 로마 제국 지배자들이 변화의 필요성을 절감하고 어떻게 현실 정치에 적용했는지 살펴보았다. 로마의 기독교 전래 과정은 방임과 박해, 공인과 국교화로 변했음을 알 수 있었다. 그렇다면 이번에는 로마 제국의 지배자들이 시민들의 심성을 어떤 방식으로 이끌어 갔으며, 그러한 지배 방식이 삶에 어떤 영향을 미쳤는지 생각해 보겠다.

언어, 인종, 정치체제 등 문화가 다른 나라와 민족을 제국이라는 하나의 통치체제 안으로 묶고 유지하는 것은 어려운 일이다. 예컨대 새로 들어온 며느리의 마음고생이나 시어머니와의 사이에서 불편함이 발생하는 까닭은 고부 갈등이라는 개인적인 차원의 문제만이 아니다. 문화가 다른 두 집안에서 성장한 두 사람이 뒤섞여 살아가는 동안 나타날 수 있는 총체적인 문화 충돌이기도 하다.

이런 까닭에 인륜지대사인 결혼은 처녀, 총각 두 개인의 만남뿐만이 아니라 두 집안이 만나는 것으로 본다. 과거 우리나라에서는 결혼을 주선했던 매파가 이러한 결혼 문제를 조율하는 역할을 행한 셈이다. 개인주의가 만연한 오늘날 결혼을 앞둔 사람들은 중매결혼도 긍정적으로 받아들인다. 이들의 생각이 바뀐 것은 문화적인 정서가 다른 집안이 만나 잘 사는 일이 어려운 것임을 이해하기 때문이다.

＊ 제논 스토아 철학의 창시자

가정의 경우도 이러한데 여러 국가가 함께 살아가야 하는 제국에서는 문화 충돌을 줄여야 할 필요가 절실했다. 로마 제국이 지중해 연안, 아프리카 북부, 남서유럽 등을 장악하는 동안 제국의 지배자들은 문화 전통이 다른 지역들을 하나의 문화로 통일해야 하는 과제를 안고 있었다. 그들은 각 지역에 알맞은 동시에 제국 전역에도 적용이 가능한 원칙을 찾아야 했다.

마침내 로마 제국의 지배자들은 피정복민들에게 강압적인 방법을 사용하지 않고 로마 제국 내로 포섭하고 동화시킬 수 있는 방법을 찾았다. 이들은 사람들로 하여금 '개인의 행복 추구'에 집중하도록 유도했다. 가정과 문중, 고향, 민족, 국가에 대한 충성이 아니라 한 인간으로서 나 자신의 복된 삶에 모든 관심을 쏟는 방법을 고도화하고 정교화했다.

특히 큰 영향력을 나타낸 개인의 행복 추구는 두 가지 방식으로 발전했다. 첫째는 그리스 아테네 사람인 제논이 체계화한 절제와 금욕을 강조하는 스토아 철학이다. 둘째는 헬레니즘 시대에 큰 영향력을 행사했던 쾌락을 인정

✦ 에피쿠로스 에피쿠로스 철학의 창시자

하는 에피쿠로스 철학이다. 금욕과 쾌락이라는 두 사유 방식은 모순적으로 보이지만 모두 개인의 행복 추구라는 목적에 부합했다.

희로애락에 휘둘리면 마음이 평정을 잃고, 마음의 평정이 흔들리면 진정한 행복으로 나아가는 길이 멀어진다는 스토아 철학은 제국의 지식인들에게 호소력을 가졌다. 육체적 쾌락을 인정한 에피쿠로스 철학 역시 마음의 평정을 잃을 경우 행복은 도달 불가능한 것이라고 설파했다. 이들은 삶의 외부적인 문제와 담을 쌓고, 내적인 삶의 문제에 집중했다는 점에서 비슷한 성격을 가진다.

통치자들은 자신들이 우월한 지위를 유지하는 데 있어 지식인들이 사회, 정치, 경제 문제에 관심을 보이기보다 삶의 내적인 문제에 전력을 기울이는 것을 환영했다. 이들이 사회 구조나 정치 문제에 관심을 가지고 사사건건 쪼아 댄다면 무지렁이 백성들이 부화뇌동하여 골치 아픈 일이 터진다고 생각하는 것이 통치 세력들의 오래된 관행이 아니겠는가? 그런즉 지배자들은 지식인들이 내면적인 삶과 개인의 행복 추구에 매달리는 것을 적극 권장했다. 이로써 특정한 사유 방식이 특정한 시기에 갑자기 유행하는 일이 나타나기 마련이었다.

우리나라에서도 산업화 과정에서 발생한 사회 문제를 들춘 진보적인 기독교 종파가 한때 신문지상에서 말썽꾸러기로 이름을 알렸다. 반면 개인의 복락과 순수하고 종교적인 구원을 강조한 기독교의 특수 종파는 엄청날 정도로 교세를 확대했다. 최근에는 개인의 구원에 매달린 종파가 이슬람 문화권에 선교사를 파송하는 과정에서 문제를 야기한 적도 있다.

문제없는 개인이 없듯 문제없는 사회도 존재할 수 없다. 통치자의 숙제란 사회 문제가 발생했을 때 그 강도를 조절하고 대비책을 마련하는 것이 아닐 수 없다. 제대로 된 통치자라면 이런 숙제를 풀기 위해 여러 가지 방법을 강구해야 한다.

로마 제국의 지배자들은 피정복민들을 편입시켜 로마 제국의 통치에 저항하지 않고 순종하며 살아갈 비책을 마련했다. 이들의 대비책으로 전용된 특정한 철학들은 로마 제국의 지원을 받고 그 세를 넓히며 제국 전역으로 확산되었다.

02
중세
MIDDLE AGES

게르만족의 등장

oooooooo

서기 4세기 이후 로마 제국은 서서히 과거의 영광을 잃었다. 당시 로마 제국의 지배자들은 안간힘을 쓰며 과거의 영광을 재현하기 위해 노력했다. 지배 체제의 변화, 기독교의 공인, 만민법의 시행 등은 생명력을 잃어 가는 로마를 재생시키기 위한 노력이었다. 그러나 로마 제국은 군사적 정복과 약탈에 기초한 경제체제에 토대를 두고 있었기 때문에 로마의 평화Pax Romana 시대 이후 재정 수입이 크게 줄었다. 과거 정복에 힘썼던 로마 제국은 수많은 포로들을 노예로 삼아 로마 경제의 생산 및 서비스 부문에서 무임금으로 부렸다. 로마 제국의 농학 연구서에는 노예를 '말하는 농기구'

로 분류했으며, 이들은 로마 경제에서 결정적인 역할을 했다. 이렇듯 노예 경제체제에 입각한 로마 제국은 로마의 평화 이후 사실상 체제 유지의 토대를 잃은 것이나 마찬가지였다.

기독교가 공인된 이후 내세에 의미를 부여하는 풍토가 유행하여 사람들의 기본자세도 크게 변하기 시작했다. 때문에 로마의 사회적 분위기는 건국 초기와 공화정 시기의 진취적인 태도를 잃었다. 당면하고 있던 현실 세계의 문제점을 현실에서 해결하려는 노력을 대수롭지 않게 여겼던 것이다. 이러한 분위기는 로마가 현실의 어려움에 처했을 때 별 도움이 되지 못했다.

서기 4세기 이후 멸사봉공滅私奉公의 태도를 비아냥거리는 분위기가 로마에 감돌았다. 이런 세태 속에서 징병제에 기초해 구성된 로마의 군대에 직업 군인으로 입대한 야만족 용병들이 주목을 받았다. 소박한 삶을 영위하며 성실과 충성의 실천을 위해 생명까지도 버릴 수 있었던 야만족들은 서양 중세를 책임질 게르만족이었다.

게르만족은 라틴족인 로마인과 외관상 쉽게 구분된다. 게르만족은 피부가 희고 몸집이 컸으며 웨이브가 진 금발에 눈동자는 푸른색을 띠었다. 이와 달리 라틴족은 피부는 옅은 검붉은 색이었고 몸이 작고 땅땅했으며 검은 눈동자와 머리색을 가졌다. 로마

✤ **아드리아노플 전투** 3세기 중엽 게르만족과 싸우는 로마군. 이 전투로 로마의 쇠망은 더욱 가속화되었다.

가 따스한 지중해 연변에 자리 잡고 찬란한 문화를 꽃피운 동안 게르만족들은 춥고 황량한 스칸디나비아 반도 부근 빙하 지역에서 극도로 힘든 삶을 이어 갔다. 그런즉 게르만족들은 로마의 선진 문화에 간절한 동경을 품고 있었다. 그러나 이들은 로마 제국이 설정한 경계선인 라인 강 남쪽에 발을 내디딜 수 없었고, 로마 제국의 영내에서 살고 싶다는 염원은 이루어질 수 없었다.

하지만 게르만족은 로마 제국의 영내에서 살 수 없었던 대신에 고유한 문화 전통을 보존할 수 있었다. 이들은 부족 중심의 문화를 유지했고, 자유민의 상징으로 칼과 방패 등을 휴대했으며 싸움을 중시 여겼다. 우리나라는 조선 시대 이후 오늘날까지 고고한 선비, 인륜을 밝힐 학문 등을 바람직한 사회의 가치로 여겨 왔다. 반면 게르만족을 대표하는 독일은 19세기 말에도 귀족이라면 사관학교를 나와 군대에서 장교로 복무하기를 선호했다. 전통 귀족 출신인 철혈 수상 비스마르크에게 젊은 시절 수차례 권총 결투를 했다는 사실은 자랑거리 추억담이었던 것이다. 반대로 우리나라 양반 지배층이 육체적으로 싸움을 한 경험이 자못 부끄러운 기억으로 남았을 것을 생각하면 힘에 대한 생각은 게르만족과 우리와 확연히 다르다.

게르만족에게 힘은 자유를 지키기 위한 필수불가결한 조건이었다. 게르만 부족 회의에 참가할 수 있는 자격은 자기의 무기를 들고 회의에 나올 수 있는 사람들로 제한되었다. 의견에 동의하는 의사 표현 방식은 투표가 아닌 쨍쨍 소리를 내며 칼과 방패를 부딪치는 행위로 대신했다. 우리의 경우에는 소중화小中華라는 자기 인식이 조선 시대 역사에서 일정한 역할을 했고, 게르만족의 역사에서는 다른 사람에게 예속되지 않는 자유가 그 무엇과 바꿀 수 없는 지고至高의 가치를 지녔다.

고대 게르만족의 법에서 재미있는 전통이 보인다. 게르만족은 로마의 성문법 체제 대신 관습법을 발전시켰다. 로마처럼 권력자가 법을 제정하는 것이 아니라 과거에 있던 관례를 찾아 법으로 사용했다. 로마의 법은 국가 중심의 주권적인 성격을 가진 반면, 게르만족의 법은 부족적이며 관습 중시의 전통적인 성격을 가졌다. 게르만족이 법정에서 판결을 할 때는 판사가 결정하는 것이 아니라 판결 발견자들Urteilfinder이 과거의 판례를 찾고 배심원들이 유, 무죄를 결정했다.

부족 시대 게르만족에서 갑과 을 사이에 송사가 있을 경우 증인이 재판에서 결정적인 역할을 했다. 게르만족의 재판에서는 자기주장에 동조하는 증인을 많이 모을수록 무조건 이겼다. 그런즉 소송 당사자들은 유리한 증인을 모으기 위해 동분서주했다. 한편 법정에서는 엉터리 증인을 가려내기 위한 방법으로 증인에게 증인 선서를 시켰다. 증인 후보는 길고 복잡한 선서 내용을 더듬지 않고 단 한 글자도 틀리지 않게 암송해야만 증인의 자격을 얻었다. 게르만족은 증인 후보가 선서 내용을 더듬거나 틀리면 신이 거짓 증인을 구분하기 위해 간섭한 것으로 믿었다.

또한 게르만족은 유, 무죄를 구분하는 방법으로 특이한 방법을 사용했다. 혐의자를 물에 집어넣고 그가 떠오르면 유죄로, 가라앉으면 무죄로 판단했다. 혐의자들은 떠오르지 않으려고 애쓰다가 익사하기조차 했다. 이외에도 혐의자들은 때로 불에 달군 돌을 손으로 잡아야 했다. 화상을 입은 손에 염증이 생기면 유죄, 생기지 않으면 무죄였다. 뿐만 아니라 불에 달군 돌 위를 맨발로 걷고 화상을 입은 발에 염증이 생겼는지 여부를 살피는 방법도 유, 무죄를 가리는 방법이었다.

서기 4세기 이전 야만적인 수준에 머물러 있던 게르만족은 로마인들에게 좋은 평판을 얻었다. 게르만족이 용감하고 충성스럽고 성실하며 소박한 삶을 영위하고 있다는 점이 그 이유였다. 게르만족은 몰락 과정에 놓인 로마 제국을 대신해 서유럽에서 새로운 문화의 토대를 쌓았고, 서양 중세의 역사를 주도했다.

봉건 사회

oooooooooo

서양 중세의 봉건 사회는 게르만족이 라틴족을 대신하여 서구 역사의 주인 노릇을 했던 시기이다. 로마 제국이 지중해를 중심으로 번성한 해양 문화라면, 게르만족은 대서양을 옆에 두고 평야 지대에서 자급자족의 농업을 기반으로 봉건 문화를 꽃피웠다. 보통 봉건이라는 단어의 의미는 고리타분하고 남성 중심의 가부장적인 사회를 떠올리게 한다. 서양 중세의 봉건 사회도 이와 비슷한 맥락으로 통한다. 게르만족은 힘을 중요한 덕목으로 삼았으며 남성 위주의 자급자족적인 농업 사회였다는 점에서 다소간 답답함이 연상된다.

서구 봉건 사회에서는 주종 제도(主從制道, Vassalage)가 발전했다. 치안 부재, 사회 혼란, 만성적 전쟁 상태로 생겨난 주종 제도는 힘 없는 사람이 힘 있는 사람에게 신변 보호를 요청하고, 보호받는 대가로 세금을 내는 것을 일컫는다. 신변 보호를 요청하는 사람은 주로 농업을 생업으로 삼는 자유농민과 예속농민들이었고 이들의 신변을 보호하는 사람은 전문 싸움꾼, 요즘 말로 경호원이었다. 중세 초 혼란기에 서구의 전문 싸움꾼들은 직업에 충실하기 위해 싸움 연습으로 하루 일과를 보냈고, 글을 배우거나 문

✦ 중세 기사들의 토너먼트 경기 모습

서를 작성하는 일은 관심 밖이었다.

봉건 사회 전문 싸움꾼들은 자신의 아들 또한 싸움꾼으로 키우기 위해 일찍부터 갑옷의 착용 및 관리 방법, 무기 다루기, 승마 교육 등을 시켰다. 특히 사냥은 이런 교육에 크게 도움이 되었다. 전문 싸움꾼들이 농민에게 받는 세금 대부분이 농산품이었기 때문에 사냥의 의미는 특산품의 수확이라는 의미까지 담고 있었다.

오늘날 우리는 로빈 후드의 전설에서 기사Knight라고 불리는 중세의 전문 싸움꾼들이 사냥터를 특별히 보호했다는 이야기를 들은 바 있다. 조선 시대 양반의 놀이 문화는 계곡에 세운 정자에 올라 한시를 짓고, 한지에 일필휘지로 글을 써 내려가는 것이었다. 반면 서구 기사들의 놀이 문화는 사냥이나 말 위에서 긴 창을 가지고 상대방을 제압하는 토너먼트 등이었다. 이는 지배 계급의 성격 차이를 보여 준다.

봉건 사회 귀족 여성들은 대부분 일찍 결혼했다. 대체로 16세에 이르면 결혼하기 시작해 20세가 넘어서도 남편감을 못 만나면 문제 여성이 되었다. 귀족 집안 여성들은 가부장이 선택하거나 주군이 골라 준 남자에게 시집을 갔다. 당시 결혼 문화에서 여자의 결혼 의지 여부는 아무런 의미가 없었고 집안이 결정하는 정략결혼에 순종할 따름이었다. 그 이유는 귀족 여성들이 결혼 지참금으로 땅을 가져갔으며, 귀족 남성들도 배우자가 어느 지역의 땅을 얼마나 가지고 오는 것인지에 집중했기 때문이다.

당시 예속농민 여성들의 결혼은 영주의 허락 없이 불가능했다. 영주의 입장에서 다른 영주의 지배하에 있는 예속농민과 결혼해 자신의 지배 영역을 벗어나는 것은 손비 처리 대상이 되기 때문이었다. 봉건 사회 여성들은 대체로 신분에 상관없이 주체적인 삶을 살지 못했다. 운명을 탓하며 자식을 출산하고, 농사를 돕고, 집안일을 돌보는 것이 억압에 적응하는 여성들의 유일한 방식이었다. 이들에게 신앙생활은 힘든 삶을 잊게 하는 탈출구였다.

서구 봉건 사회에서 문화의 수호자 역할을 담당한 가톨릭교회는 유일하게 큰 규모를 가진 조직이었다. 동유럽에서는 비잔틴 제국의 정치권력이 강력해 그리스 정교 조직이 제국의 한 부서였다. 반면 서구에서는 가톨릭이 국가 정치권력의 부재로 교회의 조직을 이용해 마치 국가처럼 강력한 권력을 행사할 수 있었다. 성스러움을 앞세운 역대 교황들의 날카로운 정치 감각은 가톨릭의 정치적인 독자성을 확대시켰다.

믿음이 깊은 귀족들이 교회에 재산을 바치는 일이 많아지면서 가톨릭교회는 유럽 전역에서 엄청난 땅과 재산을 보유할 수 있었다. 중세에 땅이란 곧 부와 권력을 의미했다. 가톨릭교회가 지녔던 경제력, 정치권력, 성직자들의 문자 해득력은 가톨릭을 봉건 사회의 문화 주체로 만드는 핵심이었다.

사실 봉건 사회의 모든 사람들은 가톨릭을 떠나 살 수 없었다. 누구든 태어나면 대부나 대모(신앙의 증인으로 세우는 종교상의 후견인)를 모시고 유아세례를 받았고, 성인이 되면 자신의 의지로 가톨릭 가족이 되겠다는 견진성사를 받았다. 또한 결혼은 혼배성사를 통해 공신력을 얻었다. 가톨릭 신도들은 종종 자신의 죄를 고백하는 고해성사를 드려야 했고, 이 세상을 떠나기 전에는 종부성사를 올려야 했다. 이렇듯 인간의 출생과 성장, 결혼과 사망 등 삶에서 중요한 모든 일은 가톨릭을 떠나 가능할 수 없었다. 그런즉 가톨릭은 서구 봉건 사회가 일구어 낸 공과의 상당 부분을 책임져야 마땅하다. 현실에서 희망을 가질 수 없는 예속농민들에게 신앙생활을 통해 희망을 제공했지만, 비참한 현실을 참고 견디게 권유하여 중세 봉건 신분 사회를 지속한 것도 가톨릭이었다.

봉건 사회의 장원(莊園, Manor)은 자급자족을 기본 원칙으로 삼았다. 장원은 봉건 사회를 구성하는 기본 단위 조직이었으며, 장기간에 걸친 사회적 혼돈의 결과로 만들어졌다. 봉건 사회 초에는 정치, 경제, 사회, 전통의 질서가 사라져 시장이 설 수 없었다. 그 결과 도시와 상업은 힘을 잃었다. 로마 제국의 정치력, 군사력을 기초로 하여 발전한 고대 지중해 상업이 소멸되면서 자급자족적인 농업이 살아남았다. 그런즉 봉건 사회에서 경제의 기초는 장원 중심의 농업일 수밖에 없었다.

그런데 장원은 혼란한 시대의 소산물로 지역에 따라 그 양태가 달랐고, 시간이 지남에 따라 다른 모습을 지녔다. 예컨대 어느 장원에는 영주가 두 명일 수도 있었고, 한 명의 영주가 여러 장원을 관리할 수도 있었다. 따라서 장원의 크기 또한 천차만별이었고, 주민의 숫자도 큰 차이가 났다. 농민들이 경작하던 장원의 농지는 비교적 넓었는데 이는 당시 농업 생산력이 신통치 않았기 때문이

중세 장원의 모습 봉건 사회 귀족들은 막대한 영토를 비롯한 재산을 소유했다.

+ 봉건 사회의 삼신분 사제, 기사, 농민

다. 대략 장원 농민당 평균 경작 면적이 2만 평 이상이었고, 장원의 가구 수가 10호도 안 되는 곳이 있었다. 아무리 영주라도 빈약한 장원을 겨우 하나 가지고 있는 처지라면 형편이 말이 아니었다. 이와 달리 수천 개의 장원을 소유한 대영주도 있어 봉건 지배 계급 사이에서도 경제력은 큰 차이가 났다.

지금까지 살펴본 봉건 사회 가톨릭교회의 권력과 위세, 장원의 모습 등에 관한 대부분의 지식은 가톨릭교회나 수도원에서 전해진 문서에 토대를 두고 정리된 것이다. 그러나 이것이 당시의 진정한 모습이었는지 의심하는 주장들이 중세 전문 연구자들 사이에서 제기되고 있다. 타임머신을 타고 과거로 돌아가기 전에는 가톨릭교회가 만든 자료 이외에 전문 연구자들의 의심을 풀어 줄 자료는 거의 남아 있지 않다. 역사 지식들이 일시적으로 인정받는 정설일 수밖에 없는 하나의 이유를 여기에서 찾을 수 있다.

정설이 곧 진리인 것은 아니다. 중등학교에서 역사를 가르치는 목적은 과거 발생한 사건들을 통해 오늘날 우리의 마음과 행동의 지향 목표를 세우는 것과 아울러 잘 알려진 과거의 사실이나 역사가 누군가의 필요에 의해 만들어지고 보존되고 확산되었는지에 대한 의심을 키우는 것이다. 그래서 쉽게 부화뇌동하지 않는 비판적인 국민을 양성하는 바에 있다.

권위적인 봉건 사회가 근대 시민 사회로 대체된 것과 마찬가지로, 절대불변의 역사로 믿어 온 사실도 새로운 사료의 발굴로 뒤집힐 가능성은 언제나 존재한다. 부연해서 말한다면 역사에서 유일무이한 불변의 권력자는 오직 시간뿐이다.

중세 도시 I

○○○○○○○○○

텔레비전이나 영화에 나오는 서유럽의 중소 도시들은 대체로 아름답다. 사람들이 정겹게 걸을 수 있는 좁은 길, 다듬어진 돌을 길바닥에 박아 포장한 도로, 다닥다닥 붙어 있지만 깨끗한 고층 가옥, 잘 정돈하여 창밖에 내놓은 화분, 여러 색상의 멋진 지붕과 우아한 필기체로 쓰인 상점의 간판 그리고 성당의 높은 첨탑과 광장의 분수대. 어린 시절 읽었던 동화에 나오는 오래된 도시의 모습이 떠오른다. 이런 서구의 도시들을 바라보면 우리나라 전통 가옥들이 잘 보존되어 있는 경북 안강 근처의 양동 마을이나 전남 벌교 근처의 낙안 읍성이 연상되기도 한다.

그러나 미국과 오스트레일리아, 캐나다 등 서부 중소 도시들의 모습은 수몰로 인해 새로 조성된 우리나라 신단양의 거리 모습과 비슷해서인지 정이 가지 않는다. 한편에서는 시간의 무게가 켜켜이 쌓인 고유한 도시의 품위가 느껴지는 반면, 다른 한편에서는 급조된 듯 여타의 도시들과 별 차이 없는 가벼움이 느껴진다는 것이다. 이 느낌은 오랜 기간에 걸쳐 잘 숙성된 장맛이 우러나오는 전통 음식 대신에 인공 조미료가 잔뜩 가미된 인스턴트 음식을 먹으면서 느끼는 맛과 비슷하다.

서구 중세 도시들의 기원은 대부분 로마 시대로부터 시작된다. 군사적 요충지나 교통이 편리한 지역 또는 주교나 대주교의 성당이 있어 사람들의 왕래가 잦은 곳에 위치해, 오랜 역사를 기반으로 명맥을 이어가고 있었다. 한동안, 특히 바이킹의 약탈이 심했던 기간에는 도시들이 황폐해지고 그 기능을 상실해서 도시 전체가 가르시아 마르케스의《백 년 동안의 고독》에 나오는 마콘도 마

✛ 중세 로마 도시의 모습

을처럼 사라지기도 했다.

그런데 중세의 자급자족적 농업 체제가 유지되는 동안에는 '여러 가지 물건을 파는 가게들이 모인 곳'이라는 의미에서 도시의 역할은 미미할 수밖에 없었다. 상업 체제가 어느 정도 유지되었던 이탈리아 도시에 비해, 자급자족 경제체제가 큰 힘을 발휘했던 서유럽 대부분의 중세 도시들은 그 도시적 성격이 희미했던 것이다. 중세 봉건 사회는 전반적으로 농업이 성하고 상업은 쇠퇴했으므로 상업이 이루어지는 장으로써의 도시란 거의 없다고 보아도 무방하다.

물론 이 시기에 도시가 단 하나도 없었던 것은 아니다. 농업이 대양大洋이라면 중세 도시는 그 가운데 떠 있는 섬들이었고, 농업이 거대한 사막이라면 도시는 오아시스에 해당되었다. 어떤 대양에도 섬이 있고 어떤 사막에도 오아시스가 있듯이 중세 도시는 희미하게나마 상업의 불을 지피고 있었다.

10세기 이후 서구 지역을 노린 이민족들의 침입이 그치고 농업 생산성이 증가하면서 도시에 사람들의 왕래가 다시 늘어나기 시작했다. 생존에 필요한 생산품을 소비하고 남는 물건들을 교환하려는 사람들의 욕구가 다시금 현실에 나타나기 시작했던 것이다. 신형 쟁기의 등장, 새로운 멍에(쟁기를 끌기 위해 마소의 목에 거는 막대)의 개발, 삼포제(농지를 셋으로 나눠 해마다 번갈아 가며 경작하는 방식)의 확산 등에서 기인한 장원의 농업 생산성 증대는 10세기 이후 서유럽에서 농업 종사 인구의 수를 줄일 수 있었고 일부 농민들이 농업 이외의 다른 업종에 종사하는 것을 가능하게 했다. 이 과정에서 상인 계층이 다시 등장하게 된다.

오늘날에도 이 시기에 다시 나타난 상인들이 어떤 사람들이었는지, 이들이 어떻게 상인이 되었는지는 정확히 알려지지 않았지만 유대인 말고도 상인들이 있었던 것은 분명하다. 서구 중세 도시에 대한 불후의 연구 업적을 남긴 앙리 피렌느는 장원에서 도망친 탈주 농노나 농민들이 운 좋게 상인이 된 것이라고 말했다. 그러나 중세 도시가 부활했던 초기에 등장한 상인에 대한 설명은 여전히 미흡하다.

분명한 것은 중세의 상인들이 모인 곳에 도시가 존재했다는 것이다. 중세 도시들의 땅값은 로마 시대에 그러했던 것처럼 농촌에 비해 비쌌다. 도시를 영지로 가진 영주들은 자기가 보유한 영지 내의 시장이 장사가 잘 되는 것을 싫어하지 않았다. 영주의 입장에서 보면, 자기 영지 내의 도시에서 장사가 잘 되어야 땅값도 비싸질 것이고, 자신에게 돌아오는 이익이 커진다는 사실이 분명했기 때문이다. 그래서 영주들은 자신의 영지로부터 사방으로 나가는 모든 통로를 막고 반드시 특정 도시를 거쳐 가야 한다는 도로 이용 규정을 두기도 했다. 이 강제 규정은 상업을 발전시키고 도시의 규모를 일정 수준까지 키우는 데 도움이 되었다. 자신의 영지에 도시를 가진 영주는 도시 발전과 더불어 세력을 키울 수 있었던 반면 농촌의 장원만 가진 영주는 힘이 약해졌다.

자급자족적 농업 경제를 지배했던 사람들이 상업, 도시의 중요성을 바르게 인식하면서 중세 봉건 사회는 해체 과정에 들어가게 되었다. 그리고 이 해체 과정이란 사회의 여러 분야에서 공동체적 삶의 방식이 무너지고 개인주의가 확산되는 과정이기도 했다.

중세 도시의 재건 직후 나타난 상인들은 도시 영주에 비해 힘이 무척 약했다. 영주가 터무니없는 고액의 점포세를 요구하거나 그들을 아무 때나 마구 불러내 성벽 보수 공사에 동원해도, 상인들은 고분고분 영주 말을 따를 수밖에 없었다. 상인들의 권리를 담고 있는, 상인들이 영주에게 돈을 주고 산 특허장도 영주가 딴마음만 먹으면 한낱 휴짓조각에 불과했다. 이에 상인들은 영주의 자의적 권력 행사를 견제하기 위해 힘을 모으기 시작했다. 도시 자치 운동 또는 코뮌Commune 운동은 상인들의 이러한 노력의 결과로 나타났다.

이렇게 탄생한 동업조합Guild은 상호 부조 및 자조적自助的 성격을 가진 중세 도시 상인들의 자구 조직체였다. 동업조합은 중세 도시가 발전하면서 도시를 구성하는 기본 단위가 되었다. 다른 사업자의 특정 지역 진출을 금지하고 업종 내의 지나친 경쟁을 막아 조합원의 안정된 삶을 보장하는 성격을 가졌다. 동업조합은 두 종류가 있었는데 상인 조합이 먼저 생겼고, 뒤이어 수공업자 동업조합이 나타났다. 이들 조합에 회원으로 가입하지 않고는 누구도 도시 내에서 장사를 하거나 상품을 제조할 수 없었다. 동업조합에 가입하려면 동업조합 공동체의 일원임을 잊지 않는다는 서약 의식을 해야 했다. 자유 경쟁이라는 시장의 법칙이 중세 도시에는 적용되지 않았던 것이다.

동업조합은 장인들의 독자적인 모임이었다. 각 분야의 장인은

✦ 제빵 기술을 배우고 있는 도제

자기 밑에 직인, 도제를 두고 그들에 대해 전권을 가졌다. 동업조합이 도제를 받아들일 것인지 아닌지의 권한은 전적으로 장인에게 귀속되었다. 도제는 대체로 7~9세의 나이에 장인의 집에 들어가 직인이 될 때까지 일을 배웠다. 일 외에도 장인과 장인의 아내, 선배 직인으로부터 동업조합의 회원으로서 갖추어야 할 고유한 예식 및 일반 교육을 받았다. 대략 18세쯤 직인이 되면 완제품은 아니라도 부품들을 만들어 장인에게 검사를 받고 이를 조립해 상품으로 내놓을 수 있었고, 다른 장인의 집으로 가서 다른 기술을 배우기도 했다.

여러 장인의 집을 다니며 다양한 기술을 배운 직인들은 걸작품 Masterpiece을 만들어 동업조합에 제출했고, 동업조합에서 그 작품을 검토해 뛰어나다고 평가받은 후에야 장인이 될 수 있었다. 장인 자격을 수여하는 권한은 중세 권력 기관이었던 교회 당국이나 영주가 아니라 동업조합원들에게 있었다.

요즘 우리나라에서는 어느 분야에서건 우리가 키워 나가야 할 덕목 중 하나로 장인 정신을 꼽고 있다. 그런데 국가 자격 제도가 아닌 동료들이 검증한 전문 능력이 얼마나 신뢰성을 확보할 수 있을지 모르겠다. 그러나 확실한 것은 중세 서구의 경우에는 동료들에게 인정받지 못한 실력은 아무것도 아니었다는 것이다.

중세 도시 II

◦◦◦◦◦◦◦◦◦

서구의 중세 도시에는 불문율로 전해 온 관행이 있었다. 그 관행이란 '누구든 도시에서 일 년 하고 하루를 지내면 도시의 시민 자격을 얻을 수 있다'라는 것이었다. 오늘날 미국에서 불법 체류자들이 이민 당국에 체포되지 않고 얼마 동안 숨어 지내면 시민의 자격을 얻기 전 단계인 영주권을 부여받는 것과 비슷한 맥락일지도 모르겠다.

중세 시대 '도시의 공기는 자유를!Stadt Luft macht frei!'이라는 당시의 구호는 장원에서 예속적 삶을 살아가던 많은 농민들의 가슴을 두근거리게 만들기에 충분했다. 도시에 자유가 있다면 상대적으로 농촌의 장원에는 예속이 있었던 것이다. 그런즉 장원의 영주가 장원 농민의 예속을 강화할수록 중세 도시는 농민들에게 《오즈의 마법사》에 나오는 무지개 너머 어딘가, 혹은 모리스 마테를링크의 동화에 나오는 파랑새가 있는 곳이 되었다. 도시는 그 자체로 꿈과 자유를 상징하는 곳이었다는 말이다.

서구 도시의 역사를 살펴볼 때 도시와 자유를 분리하기 어렵다. 자유가 없는 도시란 진정한 의미의 도시라고 할 수 없다. 중세에는 도시에 사는 시민들만이 특권으로써의 자유를 누릴 수 있었고, '예농隸農'이라고까지 불리는 장원 지역의 농민들은 자유의 향유와는 거리가 멀었다. 그런데 재미있는 것은 오늘날에도 '국민의 자유'라는 말에는 시민으로서의 자유가 포함된 느낌이 있지만, '국가 농민'이라는 말에는 자유의 의미가 담겨 있기는커녕, 그 말을 사용조차 하지 않는다는 것이다. 왜냐하면 오늘날 우리가 사용하는 시민이라는 말 속에 농민을 포함한 모든 국민을 일컫는 내용이 담겨 있기 때문이다. 이는 오늘날이 도시 중심의 시민 사회라는 것을 암시하기도 한다.

시민이라는 단어의 의미에 농민까지 포함된다는 것은 중세 서구에서는 상상할 수 없었다. 우리나라의 경우에도 해방 전까지는 '황국신민'이라는 말이 일제 치하의 모든 조선인을 부르는 용어로 사용된 적은 있을지언정, '시민'이라는 말이 농민 및 국민 전체를 포함하지는 않았다. 시민이라는 단어에 모든 국민이 포함되기 시작한 것은 1960년 4·19혁명 이후인 듯싶다.

서구의 경우는 우리보다 훨씬 전부터 시민이라는 단어에 국민 전체를 포함하여 사용해 왔다. 그런데 우리는 특정한 단어의 의미가 시대 상황에 따라 바뀔 수 있다는 것을 잘 알고 있다. 즉 시민 또는 자유라는 단어는 시대 상황에 따라 그 의미가 넓거나 좁게, 혹은 전혀 다른 의미로도 사용되었던 것이다. 이러한 의미 변화의 원인은 그 단어에 의미를 부여하려는 특정 사회집단이 가진 세력의 부침과 긴밀한 관련이 있다.

뷔르거Bürger, 부르주아지Bourgeoisie, 씨토와이엥Citoyen 등으로 불렸던 서구 중세의 도시 시민들은 극소수에 지나지 않았다. 그런데 이들만을 지칭했던 시민이라는 말이 어떻게 오늘날 국민 전체를 의미하는 단어가 되었을까? 이 의문에 대한 답은 서구 근대의 역사에서 시간의 흐름과 더불어 개인의 자유가 어떻게 변화했는지를 살펴보는 것에서 찾을 수 있다. 자유에 대한 서구 중세 도시 거주민들의 인식이 지구촌 전역으로 확산되어 오늘날 대한민국 국민이 중시하는 가치관이 된 것이 아닌지. 만일 그렇다면 오래전 다른 나라의 극소수 사람들이 지녔던 가치관이 어떠한 방식으로 변천하여 수백 년이 지난 뒤 극동의 한반도에까지 영향을 끼쳤는지 살펴볼 필요가 있다.

중세 도시의 시민을 대표하는 것은 수공업자가 아니라 상인들이었다. 이들은 도시에서 상업 활동을 영위하기 위해 어떤 종류의 방해도 받지 않아야 했고, 이를 위해서는 도시 영주와 특별한 관계를 맺어야 했다. 상인에게는 도시 영주로부터 특허장을 구입하는 것이 중요했는데, 특허장에는 시장 개설권, 부역 면제 및 여행의 자유 보장, 상품 몰수 금지, 상업 관련 세금의 자의적 부과 금

✤ **런던 길드홀** 중세 길드의 집회소였으나 현재는 박물관으로 쓰이고 있다.

지 등 여러 가지 내용이 포함되어 있었다. 물론 상인에게 여러 가지 특권을 허가한 도시 영주에게는 그에 알맞은 금전적 보상이 제공되었다. 그 특권의 가장 밑바닥에는 상업 활동을 하는 상인의 자유가 놓여 있었다. 요컨대 중세 시대에 특권이라 함은 곧 자유의 향유를 의미했다는 말이다.

당시 상인들이 특권으로 가진 자유는 도시마다 달랐다. 예를 들어 런던 도시의 상인은 1억 원을, 파리 도시의 상인은 2억 원을 내고 자유의 특권을 구입했다고 가정한다면 런던 도시와 파리 도시 상인들의 자유에는 그 내용과 인식에 있어 차이가 있었다. 이들 상인들에게 자유가 있는가 없는가 하는 추상적 개념이 아니라, 1억 원 상당의 자유인가 아니면 2억 원 상당의 자유인가라는 구체적이고도 물질적인 자유였다. 오늘날 우리나라에서 자유란 억압과 반대되는 추상적 개념으로 논의되지만 서구 중세의 도시 상인들이 생각했던 자유는 지금과 달랐다.

오늘날 우리나라 국민들이 누리는 자유는 해방 이후 한국을 점령한 다른 나라 군대에 의해 희사된 것이었다. 그런즉 우리에게 자유는 누군가가 주었다가 다시 빼앗아가도 그만일 수 있을지 모른다. 이는 우리가 중세 도시의 시민처럼 자유의 대가를 제대로 치르지 않았기 때문이다.

그러나 희생 없는 특권의 향유란 근거가 희박할 수밖에 없는 법이다. 서구 중세 도시 상인들이 값비싼 대가를 치르고 '구입'했던 자유를 그 후손들이 우리에게 아무 대가 없이 넘겨줄 까닭은 없다는 것이다. 오랜 역사 속에서 비싼 값으로 자유를 구입한 경험이 있는 서구인들은 단돈 500원짜리의 자유라 할지라도 그저 내주지 않는다. 그리고 이런 관행은 서구인들이 외국인들에 대해 차별적으로 행하는 것이기보다는 그들이 힘써 얻은 자유를 오직 자신들만 누리려고 했던 데에서 비롯된다.

중세에 도시 상인에 예속되었던 도시 수공업자들은 비록 도시에 살고 있었지만 상인들이 누리는 자유를 향유하지 못했다. 그래서 이들도 힘을 모아 자유를 획득했다. 이러한 자유는 그들의 직속 상전인 상인들로부터 구입한 것이었다. 수공업자들은 어느 정도의 자유를 얻게 되자 이를 남에게 쉽게 주지 않기 위해 자신들만의 폐쇄적인 공동 조직을 만들고 다른 사람들이 조직에 참여하는 것을 제한했다. 그래서 중세에는 도시에 거주하면서도 자유를 누리지 못하는 사람들이 많았고, 여기에 여성들이 포함되었다.

즉 중세 시민 가운데서도 시민으로서 자유의 특권을 온전히 누리는 소수의 사람들이 있는가 하면 일부는 제한된 범위 내에서의 권리, 다르게 말하면 제한된 자유만을 누렸다. 이 제한된 자유의 속박이 풀려 보다 많은 사람들이 특권으로써의 자유를 향유하기까지는 피 흘려 가며 싸운 수백 년의 시간이 필요했다. 우리와는 달리 서구인들에게 자유는 쉽게 쟁취된 것이 아니었고, 그렇기에 쉽게 빼앗길 대상이 아닌 것이다.

중세 대학

영국의 옥스퍼드대학이나 케임브리지대학을 모르는 사람은 별로 없을 것이다. 유서 깊은 명문 대학교로 잘 알려진 옥스퍼드와 케임브리지는 런던에서 자동차로 한 시간 정도 떨어진 영국 중부 소도시에 위치해 있다. 12세기부터 세워지기 시작한 옥스퍼드와 케임브리지의 멋지고 고풍스러운 건물들과 잘 다듬어진 대학 내부의 영국식 정원은 세계 도처에서 찾아 온 많은 관광객들을 경탄하게 한다. 심지어 이 대학들의 몇몇 단과대학은 관광객들로부터 8,000원 정도의 입장료를 받고 관람을 제한적으로 허용하는데도 관광객들은 꾸역꾸역 몰려오고 있다.

옥스퍼드나 케임브리지대학은 오래된 대학 건물들을 보존하는 사업에 거액을 들이면서도 현대적인 연구 시설도 잘 갖추고 있다.

과거의 자랑스러운 역사와 전통을 계승할 뿐만 아니라 미래의 영광을 준비하는 이곳의 학생들을 볼 때마다 부러움을 금할 수 없다. 반면 건물 외관 꾸미기에 급급하여 설립 초기의 의미 있는 건물들을 부수고 현대식 연구 시설만을 자랑거리로 내세우는 저명한 국내 대학 캠퍼스를 보면 가슴이 답답하다. 이러한 과거 지우기 행태는 과거 우리 대학들이 후대에 전승할 만한 영광을 쌓았던 적이 없었기 때문인 것 같다.

우리에게 미국의 하버드, 예일대학보다 인지도는 높지 않지만, 이탈리아 볼로냐대학이나 프랑스 파리대학, 독일 하이델베르크대학 등도 800년 이상의 역사를 가진 훌륭한 대학들이다.

이러한 서구의 유서 깊은 대학들은 학생 조합 또는 교사 조합에 의해 세워졌다. 동업 집단의 후계자를 양성하기 위한 목적으로 조직된 길드가 중세 대학의 모체였던 것이다. 12세기 이탈리아 지역에서는 학생들이 주축이 된 길드를, 알프스 이북 지방에서는 교사 길드를 중심으로 대학이 세워졌다.

볼로냐대학은 로마법과 교회법 연구로 명성을 얻어 유럽 전역에서 학생들을 모집했고 학생들은 이탈리아 출신들로 구성된 학생회와 비이탈리아 출신들로 구성된 학생회를 조직하여 대학 운영과 학생들의 생활을 관리했다. 파리대학은 노트르담 성당 학교

✛ 영국 옥스퍼드대학교의 크라이스트처치 칼리지

의 명성에 이끌린 교사들이 12세기에 교사 길드를 조직하면서 설립되었고, 1200년에 필리프 2세가 특허장을 교부함으로써 그 권위를 인정받았다. 옥스퍼드대학은 12세기 전반 파리와 볼로냐 출신 방문 교사들이 강의를 개설하면서 교사 중심으로 설립되었고, 케임브리지대학은 옥스퍼드와 파리대학 출신 교사들에 의해 세워졌다. 13세기 이후에는 에스파냐와 체코에도 여러 대학들이 설립되었다.

모든 중세 대학은 교회와 군주 그리고 도시 당국으로부터 자유

+ 중세 파리대학교의 철학 강의 장면

를 얻기 위해 투쟁했다. 당시 대부분의 대학들은 도시와 불가분의 관계를 맺고 있었다. 대학이 있는 도시는 오늘날과 마찬가지로 학생들에게서 많은 돈을 벌 수 있었다. 당시 특권의식에 사로잡혀 있던 부유층 출신의 대학생들은 수업료 이외에 책, 종이나 잉크 등 학업에 소요되는 부대비용, 기숙사비, 의복 구입비에 많은 돈을 지출했고, 친교 명목으로 집에서 거액의 유흥비를 송금받아 마음껏 젊음을 누렸다. 그래서 당시 권력자들은 중세 대학을 장악하기 위해 모든 수단을 동원했고, 대학 동업조합들 역시 이들에게 맞서 자신들의 이익을 지키려 투쟁을 서슴지 않았다. 당시 사람들은 이 투쟁을 '도시Town와 대학Gown의 대결'이라고 불렀다. 두 세력 간의 오랜 대결 끝에 타협을 통해 중세 대학은 자치권을 획득했다.

중세 대학은 학생들에게 기본적으로 문법, 수사학, 논리학 등의 3과목에 산수, 기하, 천문, 음악 등 4과목을 추가한 7개의 자유 교과목을 제공했다. 대학은 3과목을 수료한 학생에게 수공업 조합의 직인 자격에 해당하는 문학사 학위를 주었고, 그 후 5～6년의 수업을 거치면 독립 교사 자격인 문학 석사 학위를 주었다. 학위를 받은 이들은 교사가 되거나 더 전문적으로 공부해 박사가 될 수 있었다. 당시에는 모든 학문의 왕의 자리를 차지했던 신학 박사 학위를 취득하기가 가장 어려웠다. 중세 대학은 종종 학문과 전혀 관계없는 많은 사회 문제를 발생하는 사회악의 본거지로 비판받기도 했다. 그럼에도 자유 이념의 발전에 기여한 바를 무시할 수는 없다.

우리나라의 경우 조선 시대 국립대학이었던 성균관은 유학 연구에 집중했다. 그런데 성균관은 학문 연구의 중심지라는 대학 본연의 성격보다 관리 임용 대기 부서의 성격이 더 강했다는 느낌이 든다. 왜냐하면 조선 시대의 대표적인 성리학자 퇴계 이황, 율곡 이이 등이 학생들을 교육했던 곳은 성균관이 아니라 안동의 도산서원이나 파주의 자운서원과 같은 자신들의 연고지였기 때문이다. 조선 후기 실학의 경우에도 남인들은 자신들의 연고지를 중심으로 학풍을 펼쳤다. 오늘날 사립대학으로 변모한 성균관대학교는 유학 관련 학과를 존치하고 있으나 유교 영향력이 약화됨을 무시할 순 없고, 유학 교육과 연구의 본산인 명륜당은 공자에게 제사를 드리는 곳으로 더 널리 알려졌을 뿐이다.

사실 우리나라에서는 투쟁을 통해 스스로의 힘으로 대학의 역사와 전통을 쌓은 바가 없다. 사립대학조차 정부의 재정 지원을 받는다는 이유 때문에 학생 선발권을 제한받아도 순종하고 있는 형편이다. 앞서 언급했듯 21세기 우리나라 대학의 대부분은 여전히 외관만 꾸미는 수준에 머물고 있다. 최첨단 대학 캠퍼스를 갖추는 일은 컴퓨터의 최신 하드웨어를 갖추는 것과 비슷하다. 그러나 역사와 업적을 내재한 소프트웨어는 여전히 탑재하지 못하고 있다. 종종 우리 대학생들은 대학의 실제 주인이 국가나 설립 재단이 아닌 자신들이라고 주장한다. 만약 그렇다면 이들은 오늘날 자신들이 주인인 대학의 역사와 전통을 만들어야 한다는 아주 힘든 과제에 직면한 셈이다.

03

근대
MODERN AGES

르네상스

°°°°°°°°°

'르네상스'라는 단어는 아마도 초등학생 시절 사회 시간에 처음 접했던 것 같다. 커다란 조개 가운데 벌거벗은 여인이 서 있는 보티첼리의 〈비너스의 탄생〉, 많은 사람들에게 유명한 레오나르도 다 빈치의 〈모나리자〉, 〈최후의 만찬〉, 미켈란젤로의 〈천지창조〉, 〈모세상〉, 라파엘로의 〈아테네 학당〉, 〈초원의 성모〉 등의 미술 작품들과 페트라르카의 서정시 《칸초니에레》, 보카치오의 《데카메론》과 같은 문학 작품들이 기억난다. 우리는 학교에서 르네상스가 문예부흥과 밀접한 관계가 있으며, 특히 동방무역으로 부를 축적했던 이탈리아의 해안 도시 베네치아와 꽃의 도시 피렌체에서 번성했다고 배운 바 있다. 중·고등학생 시절 세계사 시간에는 이탈리아뿐 아니라 북유럽에서도 르네상스가 있었으며 이 운동은 인문주의, 특히 에라스무스의 《우신예찬》으로 대표되는 기독교 인문주의와 밀접하게 관련된다고 배웠다.

그런데 학교에서 르네상스에 대해 배웠던 기억을 떠올려 볼 때, 우리 주변에서 이 시기의 일부 미술 작품들을 제외하고 그 유명하다는 르네상스 서정시의 한 행이라도 읽은 사람을, 또는 종교 비판서의 겉표지만이라도 구경한 사람을 찾기는 힘들었다. 이러한 까닭은 내용을 모르더라도 작가와 작품 제목만 잘 기억하고 있으면 좋은 성적을 받는 우리 교육의 요령 중시 평가 방법 때문인 듯하다.

르네상스 이전 중세 시기에는 가톨릭교회와 관계없는 뛰어난 예술 작품을 손꼽기가 어려웠다. 서구 중세의 가톨릭교회는 예술 작품의 주요 발주처였다. 전업 예술가라면 발주처를 배려하지 않고 작품을 제작하지 않는 법이다. 이들은 어떤 방식으로든지 발주처인 교회의 요구를 만족시킬 의무가 있었다.

예컨대 중세 초 가톨릭교회는 성당의 기본 형태를 성채처럼 단단하고 어두컴컴하게 만들 것을 요구했다. 그래서 성당의 창문을 총안銃眼처럼 작게 만들어 건물 안으로 빛이 충분히 들어오지 못

✤ 〈**비너스의 탄생**〉 르네상스를 대표하는 화가 보티첼리의 작품. 바다 거품 속에서 비너스가 탄생했다는 그리스 신화의 내용을 담았다.

하게 했다. 또한 가톨릭교회는 사람들이 교회에서 현실의 즐거움을 생각하기보다는 최후의 심판을, 죄의 대가는 지옥이라는 사실을 잊지 않기를 원했다. 그래서 성당의 입구에는 흔히 지옥에서 고통스럽게 심판을 받는 인간의 모습이 조각되어 있었다. 인간의 모습을 그릴 때에도 역시 아름답고 풍만한 인간의 육체는 죄악으로 이끄는 유혹으로, 거룩한 성인은 마른 몸에 고통스러운 표정을 짓고 있는 것으로 묘사되기 일쑤였다. 이러한 조각품과 미술 작품은 문맹이었던 중세 사람들을 교화하려는 수단이었다.

또한 교회는 가볍고 빠르고 힘차고 밝은 느낌의 음악이 사람들을 들뜨게 만들어 죄악의 세계로 인도할 위험이 있다고 여겼다. 그래서 음악인들에게 느리고 장중하고 단조로운 음정으로 음악을 작곡하고 연주할 것을 요구했다. 사람들이 현실에서 누릴 수 있는 삶과 예술의 즐거움들은 죄악을 범하게 만드는 미끼로 간주되었을 뿐이다.

그러나 르네상스에 이르면 예술 작품들은 중세와는 다른 성격의 예술적 목적을 가진 것으로 평가된다. 성당은 내부로 많은 빛이 들어오도록 건축되었고, 성당 벽에는 포동포동하고 귀여운 아기 예수와 자비롭고 우아한 자태를 지닌 성모의 모습을 담은 그림들이 걸리게 되었다. 일반 건물에는 예수 탄생 이전 시대인 그리스 신화의 주인공들이 장식되기도 했다. 이들은 인간의 아름다운 육체를 뽐내며 현실에서의 행복한 삶과 그 의미를 되새기도록 묘사되었다. 음악계에서는 가볍고 재미있거나 감미로운 선율의 음악들이 나타났다.

당시 예술 작품들이 현세적 삶의 쾌락과 즐거움을 표현했다는 것은 사람들이 종교 중심의 삶에서 벗어나 세속적 삶의 의미를 생각하기 시작했던 것이라고 볼 수 있다. 이러한 르네상스 예술의 특징을 통해 이탈리아의 부유한 상업 도시도 점차 세속화되고 있음을 알 수 있다.

그런데 르네상스가 역사에 커다란 전환점을 찍은 중요한 사건으로 평가되는 이유는 무엇일까? 혁명에 따른 정치 체제의 변화나 새로운 사회계층의 등장 혹은 새로운 과학 기술의 발견처럼 현실 세계에 직접적인 영향을 미치는 것도 아닌데, 단지 문예부흥으로써의 르네상스가 왜 주목할 만한 역사적 사건으로 기록되고 있는 것일까.

우선 르네상스 시대에 살던 사람들이 스스로 르네상스를 살고 있다고 인식하고 있었는지 따져볼 필요가 있다. 아마도 당시 사람들은 오늘날 우리가 사용하는 '르네상스'라는 용어를 사용했던 것 같지는 않다. 왜냐하면 르네상스라는 말은 레오나르도 다 빈치가 살았던 시대보다 500여 년이 지난 후에 한 미술사가에 의해 처음 쓰였기 때문이다. 특정한 시대의 문화를 표현하는 용어로써의 르네상스는 19세기 후반 이후에 문화 외의 영역으로까지 확대되어 결국 유럽 전체의 한 시대를 나타내는 역사 용어가 되었다. 그리고 르네상스의 의미가 확대되는 이러한 과정에는 이 용어를 사용함으로써 이익을 보는 특정한 계층의 힘이 작용했던 것으로 보인다.

중세 서구를 암흑으로 묘사하고 르네상스를 밝게만 평가하는 것은 중세를 책임졌던 종교 세력의 대부 가톨릭에게 책임을 묻는 태도이다. 그러나 가톨릭의 입장에서는 이 시기가 암흑의 시기는커녕 평온하고 안정된 천 년의 마지막 시기였다고 주장할 수 있을 것이다.

가톨릭은 르네상스의 현실 중시 세계관이 치열한 경쟁을 통해 남보다 우월한 자신을 확인받고 싶어 하는 것이며, 단 한 명의 승리자를 위해 나머지에게 패배자라는 낙인을 찍는 것일 뿐이라고 당당하게 말할 수 있다. 르네상스의 열렬한 후원자로 이름을 날린 메디치 가문과 같은 이탈리아 거상巨商 가문들의 부의 축적은 냉혹한 이윤 추구 없이는 불가능했다. 그러므로 여기서부터 심화된

✦ 〈동방박사의 행렬〉 메디치 가문의 주요 인물들이 곳곳에 묘사된 베노초 고촐리의 작품

빈익빈 부익부가 근대 서구 사회의 뿌리 깊은 사회 문제를 초래했다고 지적할 수도 있다.

그러나 우리의 학교 교육에서는 가톨릭의 입장을 무시하고, 중세는 암흑이요 르네상스는 희망으로만 가르친다. 이는 중세를 책임졌던 가톨릭을 밀어내고 새롭게 근대의 권력을 장악했던 특정 세력이 우리 교육에까지 그 위세를 드러낸 것이라고 생각된다. 그렇다면 그 새로운 세력은 무엇이었을까? 이들은 어떻게 자신들의 생각을 우리에게 심어 놓을 수 있었을까? 이후에 이어질 글들은 서구 근대를 주도한 세력의 본 모습과 특징들을 알아보는 내용을 담을 것이다.

종교개혁

∘∘∘∘∘∘∘∘∘

마르틴 루터와 칼뱅, 위클리프, 츠빙글리, 뮌처 등의 이름을 들어본 일이 있는가? 이들은 16세기 이후 서구 여러 나라에서 종교개혁을 이끈 위대한 종교인들로 널리 알려져 있다. 특히 루터는 어려운 조건에서 독일의 종교개혁을 점화한 인물로 유명하다. 중세 말, 권력과 부귀영화를 누리던 가톨릭교회는 영혼을 구원하거나 하느님에게 헌신하기보다 면죄부를 판매하는 등 물질적 풍요와 권위를 추구하며 부패하고 있었다. 교회 건물을 장엄하고 아름답게 꾸미는 일에나 열성을 보이며 사치와 탐욕에 빠져 종교를 생계 수단으로 여기는 성직자들이 가득했다.

가톨릭의 수도승이었던 루터는 당대 부패한 로마 가톨릭 체제를 날카롭게 비판했다. 가톨릭 신앙의 참된 의미를 지켜야 한다는 루터의 굳센 믿음과 그것을 실천하려는 고집은 마침 당시 실용화되기 시작한 구텐베르크의 활판 인쇄술에 힘입어 세상에 널리 알려지게 되었다. 이로써 가톨릭과 대별되는 또 다른 기독교 종파인 프로테스탄트(개신교)가 탄생하게 되었다.

그런데 종교개혁의 시발점으로 알려진 1517년 이

＋ 루터 종교개혁을 이끈 독일의 성직자

후 루터의 행동을 차근차근 따라가 보면 루터가 원했던 것은 새로운 기독교 종파가 아니었다는 사실을 알게 된다. 그는 가톨릭의 여러 문제점을 해결하여 진정한 가톨릭 신앙생활로의 회귀를 원했던 것이지, 가톨릭을 원천적으로 부정한 것이 아니라는 말이다. 즉 루터는 자신도 모르게 누군가에 의해 프로테스탄트파의 대표가 된 셈이다.

루터는 95개조의 반박문을 발표하면서 구원에 이르는 유일무이한 수단으로써 성경에만 충실할 것을 주장했다. 루터가 가톨릭 공의회에서 확정된 교리의 핵심 원칙들을 부정하기에 이르자 로마 교황청은 그를 이단자로 몰아 처단하려 했다. 더구나 많은 사

✛ 루터의 95개조 반박문

람이 모인 광장에서 교황의 파문장을 불사른 루터의 행위는 로마 교황청 및 가톨릭교계 관계자들에게 공개적인 도전으로 간주되어 격분을 자아냈다. 파문장 소각 사건 이후 루터는 신성로마제국 국법의 보호 대상에서 제외되어 누구든 루터에게 위해를 가해도 법의 처벌을 받지 않게 되었다.

루터는 자신의 생명과 믿음을 지키기 위해 누군가의 보호를 받아야만 했다. 이처럼 긴급한 상황에서 작센의 선제후 프리드리히 3세가 자신의 성 안에 루터를 숨겨 주었고, 루터는 숨어 지내는 동안 라틴어 성경을 독일어로 번역했다. 이때 루터가 번역한 성경은 오늘날 독일어 문법 체계의 정립에 크게 기여했다.

그런데 프리드리히 선제후가 루터를 아무런 이유 없이 도왔을까? 프리드리히가 유럽 전역에 엄청난 세력을 미치고 있던 교황과 맞설 각오를 하며 미천한 출신의 하위 성직자를 은닉하고 후원했던 데에는, 루터로부터 어떤 종류든지 이익을 기대했기 때문이라고 보아야 할 것이다. 그렇다면 작센의 선제후가 기대했던 이익은 무엇이었을까?

루터는 구원에 이르는 유일한 방법으로써 하느님과 모든 사람이 너와 나의 관계, 즉 일대일로 만날 것을 강조하며 가톨릭 사제의 매개는 불필요하다고 주장했다. 그의 주장을 따른다면 가톨릭의 성사, 전례, 예식 등은 영생의 구원과 아무 관계없는 번거로운 형식에 지나지 않는다.

중세 이래 가톨릭이 주관하는 여러 신앙 행사에는 많은 경비가 들었다. 이런 행사 비용은 가톨릭을 살찌게 했을 뿐더러 특히 로마 교황청을 경제력 있는 조직으로 만드는 원천이었다. 이는 알프스 이북 지역의 대규모 자본이 로마로 유출된 것을 의미한다. 독일은 로마로 유출되는 돈이 영국이나 프랑스에 비해 현저히 많아서 '교황청의 암소'라는 불명예스러운 별명까지 붙었다.

당시 독일은 조그마한 규모의 여러 나라로 구성된 영방국가였기 때문에 영국이나 프랑스처럼 하나의 강력한 중앙집권적 민족국가로 통일하려는 꿈을 키울 수밖에 없었다. 따라서 가톨릭은 독일 작센의 선제후에게 넘어야 할 장벽이었고, 루터의 가톨릭 비판은 작센 선제후의 정치적 꿈을 실현하기 위한 하나의 발판이 되었다. 이렇게 루터는 비정한 정치의 세계로 들어섰다.

그러나 루터의 종교개혁은 이런 의미만 가진 것이 아니다. 오늘날 세계지도를 펼쳐놓고 보면 자본주의가 발전한 서구와 북구 선진국들은 대체로 개신교 진영에 편입된다. 이들 국가보다 다소 뒤처지는 유럽 나라들에서는 가톨릭이 우세한다. 물론 근대 자본주의의 발전과 개신교와의 관련성을 직접적인 것으로 주장하는 것은 논리의 비약이나 지나친 일반화의 우려가 있지만 어느 정도의 개연성은 추측해 볼 수 있다.

개신교가 부르주아들과 접목되는 지점에 있던 것은 바로 자유의 이념이었다. 자유란, 한 개인이 살아가면서 마주치는 수많은 선택에서 자기 마음대로 결정하여 행동하고 그에 대한 전적인 책임을 개인이 진다는 의미이다. 한 개인의 결정이 잘된 것이든 혹은 잘못된 것이든, 선택의 성공이나 실패가 전적으로 개인에게 달렸다는 생각은 오늘날에 당연하게 여겨진다. 그러나 엄격한 신분의 굴레가 있던 근대 이전의 사회에서 개인의 자유에 따른 선택의 폭은 큰 제약이 있었다. 예컨대 100여 년 전, 동서양을 막론하고 인륜지대사라는 결혼이 결혼 당사자의 의사보다 양가 집안의 합의에 의해 이루어졌던 것을 보면 알 수 있다.

현실 세계에서뿐만 아니라 영혼의 세계에서까지 개인이 모든 책임을 진다는 자유의 가치관은 인간에게 공동체의 구성원으로서가 아닌 개별적 삶을 살아가는 외로운 모습을 부여한다. 중요한 삶의 문제에 직면했을 때 부모나 형제, 친구와 사제는 아무 도움을 줄 수 없고 오직 하느님과의 일대일 만남에서만 그 답을 찾아야 한다는 루터의 주장이, 결과의 책임을 개인에게만 묻는 자본주의 체제와 부르주아에게 중요한 심성으로 받아들여진 것이 아닐까?

귀족 가문과 비교할 때 일방적으로 불리한 입장에 처했던 부르주아들은 모든 사람들을 평가하는 판단 기준이 필요했을 것이고 여기서 강조된 것이 바로 개인의 능력이었다. 이를 위해 지고의 규범이 된 자유라는 이념은 루터를 통해 부르주아 계층에게 쉽게 수용된 듯하다. 특정한 사유 방식의 확산은 이익을 보는 사람들에 의해 모든 사람들에게도 들어맞는 것으로 부풀려지게 마련인 것이다.

과학혁명

ᵒᵒᵒᵒᵒᵒᵒᵒᵒ

매년 10월, 스웨덴 왕립 과학 아카데미는 노벨상 수상자를 발표한다. 노벨상은 의학, 물리학, 화학 등의 자연과학 분야와 문학, 경제학, 평화 등 인문사회 분야로 나뉜다.

그런데 노벨상의 의의는 인문사회 분야보다 자연과학 분야에

좀 더 비중이 있는 듯 생각된다. 종종 인문사회 분야의 노벨상 수상자를 놓고는 이런 저런 뒷말이 많다. 물론 자연과학 분야도 내부적으로는 제각기 사연들이 있겠지만 수상자들이 대체로 인류의 과학 수준을 한 단계 높이는 데 분명한 기여를 했기에 별 잡음이 들리지 않았다. 아인슈타인, 퀴리 부인, 왓슨, 페르미, 하이젠베르크 등 훌륭한 과학자들에게 노벨상이 수여된 것은 노벨상의 권위를 높이는 데에도 크게 기여했다.

현재 우리 삶에서 자연과학이 차지하는 비중은 압도적이다. 자연과학은 최첨단 연구뿐 아니라 일상에서도 중세 시대에 신학이 차지했던 금빛 찬란한 옥좌를 차지하고 있다. 그 위풍당당함은 너무도 현란하여 다른 학문들은 감히 이 자리를 넘볼 생각조차 못하고 있다. 오늘날 우리나라에서 보통 사람들이 가지고 있는 신학과 자연과학에 대한 인상은 그 우열이 아주 분명해서 비교할 필요조차 없을 것이다. 그러나 중세 서구 사람들은 신학과 비교할 학문이 있는가 하고 반문하며 심지어 자연과학을 학문으로 인정조차 하지 않았다.

우리나라 조선 시대의 경우도 성리학이 학문의 왕좌를 차지하고 있을 뿐 물리학이나 화학, 의학 등은 지배 계층들의 관심 대상이 아니었다. 조선 시대에 뛰어난 인재라고 평가받은 사람들은 자연과학 분야에 몰리지 않았다. 그 이유는 사람의 본성이나 국왕의 통치를 연구하는 유학이 학문의 본령이라고 믿었기 때문이다. 그러나 오늘날 우리 사회에서 성리학이 가장 중요한 학문이라고 여기는 사람은 거의 없다. 이러한 흐름대로라면 특정 학문의 중요성은 시간이 흐름에 따라 변화하기 마련이고 장차 자연과학을 대신해 또 다른 분야가 학문의 옥좌에 오를 가능성이 충분하다.

그렇다면 사람들은 언제부터 과학을 최고의 학문으로 간주했을까? 서양 과학사를 연구하는 사람들은 14세기 후반 중세 봉건제도가 동요된 이후를 그 기점으로 보고 있다. 이후 아리스토텔레스의 과학 지식 체계가 서유럽에 알려지고 르네상스를 거쳐 점차세속화되면서 서구 사람들의 가치관이 크게 바뀌어 자연과학의 중요성이 높아졌다는 것이다. 전문가들은 이를 패러다임의 변화라는 말로 표현하기도 한다. 그렇다면 서구 사람들의 가치관이 어떻게 바뀌었는지를 알아보아야 할 것이다.

분명한 것은 근대에 이르면 사람들은 더 이상 성경, 예수, 하느님, 교황, 전례의식 등을 중요한 일로 여기거나 여기에 많은 시간을 쓰지 않았다는 것이다. 그중 일부는 그보다 하느님이 우주의 삼라만상을 만드는 데 어떤 방법이 사용되었는지에 큰 관심을 가졌고, 이를 위해 많은 시간과 공을 들여 도구들을 개발했다. 그래서 이들은 이전에는 알려지지 않았던 새롭고 많은 자료와 도구들을 사람들의 눈앞에 내보이는 데 성공했다. 일부 사람들은 이 자료를 사용해 특정 지식 체계를 만들었고, 그 지식 체계로 다시 삼라만상을 살펴보는 작업을 반복했다. 이렇게 연구 대상의 관찰, 자료의 수집, 가설의 검증, 잠정적인 법칙의 수립이라는 자연과학 연구 방법론이 확립되었다. 이 방법론을 따르면 눈으로 보는 것이 가장 기본적이면서도 중요한 연구 방법이다.

이 연구에서 하느님에 대한 굳건한 믿음은 연구 출발의 기본자세는 될지언정 실제 연구의 수행 과정에서는 도움이 되지 못했다. 이후 삼라만상에 대한 연구는 각각 하느님의 영역과 인간의 영역으로 나뉘게 되었다. 이전에는 모든 것이 하느님의 영역이었는데 말이다.

사람들이 자연현상에 대한 과학적 지식을 확대하는 과정에서 출생에 의한 귀족 가문의 고귀함도 의문의 대상이 되었다. 의학적으로 보면 귀족의 혈액이나 신체 골격은 평민의 그것과 별 다를 바 없었다. 성경에 담긴 모든 내용은 무조건 믿어야 한다는 종교계의 오랜 권위가 의문시되는 시대에 이르렀으니, 귀족의 신체와 영혼은 평민의 것과 달리 고결하다는 오랜 믿음 또한 의문의 대상에서 벗어날 수 없었다. 천체에 대한 갈릴레이나 뉴턴의 위대한 발견이 인간 이성의 경이적인 업적으로 인정되어 널리 확산되던 시기였으므로, 단지 오랜 전통과 권위에만 입각한 원로 어른들의 말씀은 그 정당성을 새롭게 확인받아야 할 처지에 놓였다. 오래된 것이면 무조건 옳다는 생각은 더

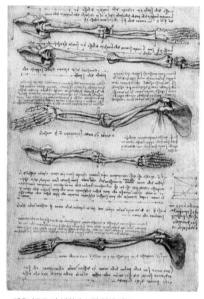

✛ 레오나르도 다 빈치가 그린 인체 해부도

이상 효력을 발휘할 수 없었다.

　이러한 풍토에서 부르주아 시민 계급은 자신의 입지를 넓힐 기회가 생겼고 왕족, 귀족, 고위 성직자 등은 자신들의 사회적 특권을 증명해야 하는 부담을 갖게 되었다. 누구든 각자의 능력으로만 평가된다는 말이다. 이런 새로운 가치관의 확산은 부르주아 계급에게는 유리했으나 신분에 입각한 특권을 누려왔던 귀족들에게는 불리하게 작용했다. 부르주아 계급이 세력을 키워 나가면서 기존

사회 체제는 동요했고, 부르주아 계급은 새로운 특권을 정당화하기 위해 자연과학적 지식 체계를 더욱 강조했다. 이렇게 볼 때 자연과학 지식 체계가 정치에 의해 큰 영향을 받는다는 사실을 부인할 수 없으며 따라서 과학지식의 객관성, 몰가치성을 앞세우는 주장은 설득력이 약해진다.

과학만능주의는 부르주아 세력이 권력을 잡는 과정과 함께 확산되어 17세기 이후 전 세계로 번져 나갔다. 과학의 신봉자들은 과학이 가져다준 인류의 발전에 대해 장황하게 설명할 수 있다. 우리 가운데 이를 부정할 사람은 없다. 그러나 과학만능주의자들은 기왕의 과학 발전이 인류 문명에 초래한 심각한 문제점들도 심지어 과학만이 해결할 수 있다고 주장한다. 이들에게 자연과학적 지식을 제외한 다른 지식 체계는 아무런 의미를 가지지 못하는 것이다. 그러나 그들의 주장은 의심스럽다. 왜냐하면 어떤 종류가 되든지 지식 체계를 만드는 것은 사람이기 때문이다. 사람다운 사람이 과학 지식 체계를 만들지 않고서는 효율성이 아무리 높고 발전한 것이라 할지라도 진정한 의미에서 인류에게 도움이될 것 같지 않다.

경쟁의 원칙을 대전제로 삼아 보다 나은 과학기술을 개발하려는 노력은 우리 사회에서도 이미 보편화되었다. 살아남기 위해 세

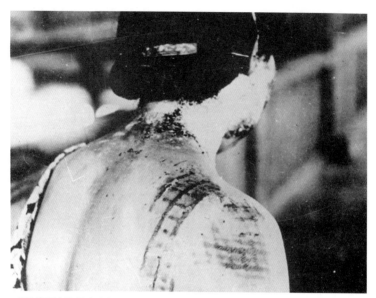

✦ 일본 히로시마 원자폭탄 피해자의 모습

계 초일류가 되어야 한다는 구호는 우리 모두의 강박이 되었다.
그러나 경쟁에서 패배한 사람들의 슬픈 상처를 아물게 하려는 노
력이 없는 과학기술의 발전은 오히려 재앙이 된다는 점을 잊어서
는 안 된다. 오늘날 영화에서 자주 묘사되는 것처럼 과학자에 의
한 인간 대량 학살, 컴퓨터에 의존하는 국가, 단 한 번의 클릭으로
사회가 파괴되는 일들이 현실이 될 위험이 크다는 것이다. 과학
기술의 발전을 강조하는 일 못지않게 그 발전이 인류에게 가져

다줄 위험에 대해 진중하게 생각할 필요가 절실한 요즘이다.

다시 말하거니와 이는 특정 정치 세력의 성쇠와 깊은 관계가 있다. 역사상 어느 정치 세력도 인류에게 유토피아를 보여 주지 못한 것이 사실이다. 꿈에서 깨면 언제나 치열하고 냉엄하고 가슴 아픈 현실이 눈앞에 다가와 있을 따름이다. 만약 새로운 정치 세력이 나타나면 유토피아를 현실에서 경험할 수 있을까? 새로운 정치 세력의 주인은 바로 우리 자신이라고 생각해 보면 어떨까. 믿음은 보이지 않는 것의 실상이라고 하지 않는가.

바로크 음악

영화 〈작은 신의 아이들〉에서 청각장애인 사라가, 바흐의 〈두 대의 바이올린을 위한 협주곡〉 중 제2악장 라르고 선율을 들으며 행복감에 젖어 있던 사랑하는 남자 제임스에게, 그 선율의 아름다움을 '보여 줄 수 있느냐'라고 묻는 장면을 기억하는가? 바흐와 헨델은 17세기 후반부터 18세기 전반 서구에서 유행했던 바로크 형식의 음악을 서양의 위대한 문화유산으로 승화한 음악가들이다. 굳이 영화가 아니더라도 오늘날 이들의 바로크 음악은 우리 주변에서 쉽게 들을 수 있다.

1600년대 후반에 나타난 바흐와 헨델은 바로크 형식의 음악가를 대표한다. 바로크 음악은 약 250년 전의 음악인데도 1960년대 전 세계를 휩쓴 엘비스 프레슬리나 1970년대를 대표하는 그룹 퀸, 비틀즈의 음악보다 더 많은 사랑을 받고 있다. 우리나라의 기독교 교세에 힘입어 매년 성탄절 축하 연주에서 헨델의 〈메시아〉는 자주 들어 좋아할 수 있다고 해도, 바흐를 비롯한 다른 바로크 작품들이 우리를 매혹하는 이유는 확실하게 설명하기 어렵다. 음악의 아름다움을 탐구하는 음악미학이 학문으로 자리 잡고 있기는 하지만, 음악의 아름다움과 감동을 반드시 학문적인 틀에 의해 설명할 필요는 없을 것 같다. 단지 좋은 음악에는 시간과 국경의 제약이 없다는 주장이 그럴듯하게 받아들여지길 바랄 뿐이다.

그럼에도 바로크 음악이 역사적으로 지니는 의미는 검토되어야 한다. 음악이든 미술이든 사상이든 어느 한 시기에 많은 사람들로부터 특별한 사랑을 받았던 문화 풍조가 있다면 당시 사회 환경과 어느 정도 연관 지어 설명할 필요가 있다.

우선 바로크 음악은 음악적으로 몇 가지 특징을 갖고 있다. 그 중 하나로 다성(多聲, Polyphony)의 선율이 대위법이라는 형식상의 틀에 얽매이고 있음을 들 수 있다. 대위법을 준수해야 하는 바로크 음악들은 작곡가가 누구든 간에 모두 비슷한 것처럼 들리며 멜로디를 처음부터 끝까지 대충이라도 흥얼거리는 것은 거의 불가능하다. 베토벤이나 차이콥스키, 슈베르트, 멘델스존, 리스트, 비제, 브람스, 슈만 등 유명한 고전파, 낭만파 작곡가의 걸작들은 자주 들어 귀에 익을 경우 그 멜로디를 따라 흥얼대는 것이 비교적 가능하다. 그런데 바흐의 경우 〈2성 인벤션〉처럼 단순하고 짧은 작품조차 멜로디를 따라 흥얼거리기가 힘들다. 이러한 차이는 고전파 내지 낭만파에 속하는 음악 작품들의 경우 하나의 선율을 중심으로 아름답고 자유로운 화성들이 구성되어 있는 반면, 바흐의 작품들은 대위법의 형식적 제약 안에서 선율들이 정교하고 복잡한 설계에 입각하여 작곡되었기 때문이다. 대중 유행가는 주된 선율을 서너 번만 들어도 쉽게 곡의 흐름을 파악하고 따라 부를 수 있는데 이는 대체로 아주 단순한 선율과 그 주선율을 도와주는 평이한 화성으로 구성되었기 때문이다.

그런데 사람들은 쉽게 접근해서 익숙해지면 그 대상이 무엇이든지 쉽게 싫증내는 경향이 있다. 유행가는 우리의 감정에 직접적으로, 강도 높게 반복하며 호소하는 방법으로 우리의 관심을 용이하게 끌어낸다. 그러나 우리의 감정이 같은 방법의 자극에 대해 무뎌지는 순간에 이르면 그 유행가의 생명력은 갑작스럽게 끝나게 된다. 그래서인지 바로크 음악은 따라 부르기가 쉽지 않다는 이유만으로도 신비로운 무엇이 있는 것처럼 여겨진다. 물론 사람마다 좋아하는 음악이 서로 다르겠지만 250년 이상 세계 도처에서 인기를 잃지 않은 음악이 있다면 그 음악은 대단하다고 평가하는 것이 마땅할 것이다.

+ 헨델 바로크 시대의 대표적인 작곡가

헨델의 〈메시아〉 가운데 '주의 영광'이라는 유명한 합창곡이 있다. 알토가 힘 있게 첫 부분의 멜로디를 시작하면 소프라노가 그 뒤를 받고 다시 테너와 베이스가 주선율을 이어 가는 이 곡은 합창대를 구성하는 모든 파트들에게 멜로디를 부를 기회를 제공한다. 이와는 달리 오늘날 개신교의 찬송가에 수록된 거의 모든 곡들은 소프라노가 멜로디를 주도하고 다른 파트는 멜로디에 따라 해당하는 화음을 만드는데, 베이스 파트의 경우 '웅웅' 하는 낮은 소리만 내다가 끝나는 경우가 대부분이다. 베이스 단원들은 이런

+ 바흐 〈골드베르크 변주곡〉 악보의 제목 페이지

찬송가보다는 '주의 영광' 같은 곡을 부르기 좋아한다. 이는 음역과 음색이 다른 여러 파트들이 한 곡 안에서 각자 멜로디를 부를 수 있어서 더 흥도 나고 이로써 보다 아름다운 하모니를 만들어 낼 수 있기 때문이다.

바로크 이전 시기에 유행했던 중세의 그레고리오 성가 등은 단선율에 입각한 단조로운 음악이었으며 이는 중세의 유력 세력이었던 교회가 요구한 결과라고 지적한 바 있다. 만일 그렇다면 바로크의 다성음악은 이 시기의 유력 세력이 요구했던 결과라고 생각할 수 있을 것이다.

바로크 시대의 유력 세력은 여전히 귀족이나 고위 성직자들이었다. 이들은 르네상스 이후 세속화의 진행과 부르주아 세력의 확대를 원치 않았다. 그럼에도 중세처럼 오직 하느님에 대한 신앙만으로 사회의 모든 문제를 해결할 수 있다고는 생각하지 않았다. 당시 유력자들은 복잡해진 사회에서 하나의 주된 선율만을 가지고 근대 사회를 이끌어 갈 수 없다는 것을 알아차렸다. 그러므로 현상 유지를 원했던 근대 초 유력자들은, 서로 다른 소리들이 아무리 사회 안에서 울려 나와도 불협화음이나 소음이 되지 않도록 만들 필요를 느꼈을 것이다.

서로 다른 소리들이 동시에 튀어 나와도 듣기 싫은 소리가 되지 않는 법칙이 있다면, 그리고 이것을 지켜 아름다운 화음을 만든다면 이는 당대의 유력자들에게 큰 도움이 되었을 것이다. 따라서 음악에서 대위법을 준수하여 작곡된 바로크 걸작들은 이 시기 유력자들에게 가능성을 암시했다. 바로크 음악은 위대한 음악가의 영감이 스며들고 당대 유력자들의 후원까지 더해져 서양 문화의 위대한 유산이 되었다.

자신의 이익 추구를 최우선의 과제로 삼고 사회 내의 이해관계가 더욱 상충하던 근대 초 서구에서 바로크 음악이 특별한 의미를 지니게 된 까닭이 바로 여기에 있다. 서로 갈등하는 여러 집단들이 목청을 높여도 시끄럽고 불쾌한 대립적 양상만 드러나는 것이 아니라, 보다 높은 수준의 화음을 이루어 갈등이 해소된 사회를 만들 수 있다는 가능성을 바로크 음악이 제공했기 때문이었다.

시민혁명

영국의 청교도 혁명과 명예혁명, 미국의 독립혁명, 1789년 프랑스 대혁명, 1830년 7월 혁명 그리고 1848년 2월 혁명 등은 크게 시민혁명의 범주에 들어간다. 1642년에 시작된 올리버 크롬웰의 청교도 혁명부터 1848년의 2월 혁명에 이르기까지 여러 혁명을 경험하면서 서유럽 사람들은 많은 피를 흘렸고 각 혁명의 성패에 따라 다양한 사회 변화를 겪게 되었다. 혁명에 뒤이어 나타난 여러 변화들을 경험한 서유럽의 대중들은 새로운 지배 계급의 등장을 분명하게 알아차릴 수 있었다. 많은 재산과 높은 수준의 교양을 자신들의 등록상표로 삼아 새롭게 권좌에 오른 지배 계급은 다름 아닌 부르주아들이었다.

겨우 생명을 이어 가던 봉건 세력을 밀어내고 권력을 장악한 부르주아들은 자신들의 지배의 정통성을 확보하기 위해 여러 가지 방법을 동원했다. 정통성 확보의 수단으로써 가장 능숙하게 사용한 방법은 자신들에게만 일방적으로 유리한 가치관을 모든 사람들에게 공평하게 적용되는 가치관으로 바꿔치기하는 것이었다. 부르주아들은 재산과 교양이라는 가치가 모든 사람들에게 똑같이 적용될 수 없음을 누구보다도 잘 알고 있었다. 그러나 이들은 뻔뻔스럽게도 재산과 교양이야말로 모든 사람들에게 평등하게 적용할 수 있는 가치라고 주장했다. 물론 부르주아의 인간 구별의 기준은 과거 낡은 신분제 사회에서 혈연을 기준으로 삼았던 것보다 진일보한 것은 사실이었다.

부르주아들은 전통적 봉건 지배 계급을 제거하기 위한 명분이

✦ **프랑스 2월 혁명** 루이 필리프 왕정에 맞선 파리 시민들의 무력 시위. 결국 왕정이 무너지고 공화국이 수립되었다.

필요했으며 아무 특권도 없는 대다수 일반 대중을 자신의 진영으로 끌어들여야 했다. 그래서 이들은 교육을 받으면 사람이 달라진다는 계몽 사상을 필두로 삼고 사회계약론, 양도할 수 없는 천부의 인권(자연권), 사람답게 살 권리 그리고 이 모든 것들의 집약인 프랑스 대혁명의 구호 '자유, 평등, 우애'를 인류가 성취해야 할 고귀한 이념으로 내세웠다. 우리나라의 경우 과거 제5공화국의 통치 이념이 '정의로운 사회 구현'이었고, 제6공화국은 '보통 사람들'이었다. 하지만 두 정권이 내세운 구호가 실제 권력 행사의 결과와 전혀 달라서 오히려 국민들을 더 화나게 만든 바 있다. 이와 관련해 본다면 서구 부르주아 세력이 내세웠던 자유, 평등, 우애의 이념들 역시 실제와는 전혀 달라 대다수 국민에게 더욱 실망스러운 결과를 초래했음을 연상할 수 있을 것이다.

1776년 선포된 미국의 독립선언문과 버지니아 헌법 서문에는 미국의 혁명 주도 세력이 내세운 인류의 이상적 이념이 담겨 있는데 그 내용은 오늘날에도 우리에게 여전히 뭉클한 감동을 불러일으킨다. 하지만 그 이념을 현실에 적용하는 것은 감동과는 거리가 멀었다. 독립선언문이 발표되던 때, 심지어 그로부터 100년이 지난 후에도 자유와 평등 그리고 기회가 약속되었던 희망의 땅 미국에는 여전히 수많은 흑인 노예가 혁명 세력의 이념과는 전혀

+ 독립선언문

관계없는 비참한 삶을 살아가고 있었다.

당시 노예의 삶이란 일반 사람들에게 '인생은 살 가치가 있는 것인가?' 하는 의구심을 불러일으킬 정도였다. 알렉스 헤일리의 《뿌리》나 해리엇 비처 스토의 《톰 아저씨의 오두막》과 같은 소설들은 흑인들이 자신의 슬픈 과거를 들추어낸다며 한때 기피하기까지 했다. 얼마나 비참한 생활이었으면 형편이 조금 나아진 그들의 후손들에게도 알리고 싶지 않았을까.

자유, 평등, 사람답게 살 권리라는 부르주아의 매혹적인 이념을 인류 전체에게 적용해야 한다는 외침이 들끓고 있던 바로 그때, 그 멋진 외침의 바로 옆에서 인간의 삶이라고 도저히 상상할 수 없는 슬프고 가련한 삶이 방치되고 있었던 것이다. 그러나 인간의 천부적 권리의 실현을 위해 분투하던 위대한 백인 자유주의자들 대부분은 흑인 노예의 비참한 삶을 당연한 것으로 간주했다.

17세기 이후 부르주아 계급은 약 두 세기 동안 출생 신분, 즉 혈연에 입각해 특권을 누리던 봉건 지배 계급을 제거하고 근대 서구 시민 사회의 새로운 지배 계급으로 분명히 자리매김했다. 경제력과 이념을 내걸고 혁명을 일으켜 권력을 장악한 이들에게

+ 19세기 미국의 흑인 노예 가족

는 무엇이든 겁날 것이 없었다. 부르주아들은 자신들에게 저항하는 세력이 나타나면 제거하면 그뿐이라고 생각했다. 그러나 적들은 아무리 없애도 계속해서 나타났으므로, 이를 모조리 제거하는 비경제적인 방식 대신 잠재적 적대 세력을 자신의 품에 끌어안을 수 있는 묘책을 궁리했다. 부르주아들이 생각하고 정교하게 가공한 묘책이란 반복하여 말하거니와 자신들에게만 일방적으로 유리한 가치관을 모든 사람들에게 똑같이 유리한 정의로운 가치관인 것처럼 바꿔 놓는, 즉 사람들을 미혹하는 방법이었다.

부르주아들은 개인의 노력으로 당장 혈통을 바꾸는 것이 불가

능하지만 재산이나 교육은 누구든 열심히 삶을 꾸려 나가면 얻을 수 있다고 주장했다. 그러나 모든 사람들이 근검, 절약, 노력하면 누구나 많은 재산을 만들 수 있거나 높은 수준의 교육을 받을 수 있을까? 재산을 불리거나 높은 수준의 교육을 받기 위해서는 여러 가지 전제조건이 단서로 따라 붙어야만 가능하지 않은가? 사람들을 매혹하는 멋진 신세계로 가는 길이 제시되어도 그 길에 올라서서 걸어갈 힘이 없다면 신세계는 유토피아에 불과할 뿐이다.

우리는 현실에서 한정된 재화를 가지고 모든 인간의 욕구를 만족시킨다는 일이 원천적으로 불가능하다는 사실을 잘 알고 있다. 하지만 부르주아의 이념은 남보다 노력하는 사람에게는 거부巨富가 되는 일이 틀림없이 가능하다고 외치며, 어떤 경쟁에서든 늘 승리자가 되어야 한다고 가르친다. 바로 여기서 착각이 나타난다. 한두 명의 뛰어난 개인은 특출한 재능과 행운에 힘입어 성공할 수 있다. 그러나 이 같은 소수의 사람들이 있다고 해서 나머지 사람들이 모두 성공할 수 있는 것은 결코 아니다. 어떤 사회도 모든 사람을 승리자로 만들 여유는 없다.

사람들의 욕구의 원천을 이기적인 본성으로 규정한 부르주아의 가치관은 사회 내의 평화와 조화를 권할 자격을 가지지 못한다. 물론 오늘날 한편에서는 모든 경쟁에서 늘 승리하여 세계 초일류의 자리를 지켜야 한다고 외치고 다른 한편에서는 이웃들과 더불어 아름다운 세상을 만들자고 선전하는 우리 사회의 허무맹랑한 주장보다는 솔직한 편이었다. 이들이 시민혁명에서 성공한 이후 재산의 소유 수준과 학력에 따라 개인의 정치 참여를, 즉 선거권을 제한했기 때문이다. 부르주아들의 이 같은 차별적 제약들은 자신들의 뻔뻔스러움을 솔직하게 드러내 최소한 이들이 정직했다는 인상을 주는 것이다. 물론 그 후안무치함에는 긴장하지 않을 수 없다.

부르주아들의 이러한 행패는 그로 인해 억울한 삶을 살아가는, 그래서 그런 행패를 없애겠다는 결심을 하는 또 다른 사람들을 각성시키는 계기가 되었다. 부르주아 가치관의 본질을 인간의 이기적 심성에 기초하는 것으로 파악하고, 이에 날카로운 비판을 가한 세력의 한 무리가 바로 사회주의자들이었다. 이들은 또 다른 이상적 목표를 내세우는 데에는 성공했지만 이상에 도달하는 과정과 절차에 대해 깊은 숙고가 없었으므로 인류에게 실제적인 도움을 주지 못했다.

'절차적 정의'가 결여된 곳에는 그 목표가 아무리 정의롭다고 하여도 정의가 뿌리내릴 수 없다고 지적했던 법철학자 구스타프

✦ 영화 〈계엄령〉 포스터

라드부르흐의 귀중한 충고가 생각난다. 정의를 이루는 데 있어서의 과정 또한 절차의 정의가 없다면 설령 정의라는 목표에 도달한다고 해도 의미가 없다는 것이다. 그의 주장은 얼핏 보기에는 본말을 모르는 사람의 어설픈 생각처럼 들린다.

그러나 여기 그리스 출신의 감독 코스타 가브라스가 만든 영화 〈계엄령〉을 주목할 필요가 있다. 이 영화는 1960년대 미국이 남미의 여러 나라에 군사 고문관을 파견하고 남미의 군사독재 정권을 허수아비로 만들어 배후에서 조종하며 아메리카 대륙에서 맹주의 노릇을 즐긴다는 내용이다. 영화는 남미의 반정부 비밀 조직이 미국의 군사 고문관을 납치한 뒤 그의 처형 여부를 결정하기 위해 비밀 조직원 한 명이 하루 종일 다니며 여러 곳으로 분산된 조직원들을 개별적으로 만나 처형 여부를 묻고 답을 듣는 장면을 지루하게 보여 준다. 이 때문에 관객들은 하나의 사안을 확정하기 위해 투자한 위험과 시간이 너무 큰 것이 아닌가 하는 느낌을 받게 된다. 그러나 단지 한 사안을 확정하고 결정하는 데 모든 관련자들이 참여하고 그 결과에 대한 책임을 분담한다는 의미에서, 효율성은 없을지라도 처리 절차는 올바른 것으로 생각된다. 절차를 소홀히 하고 효율만 중시하는, 또는 과정을 도외시하고 결과만 중시하는 풍토에서 이루어지는 정의는 뛰어난 극소수 승리자들에게 유리한 정의는 될 수 있을지언정 모든 사람들의 정의가 되지는 못할 것이다. 코스타 가브라스는 '모든 사람들에게 정의를!'이라는 말이 이데올로기를 벗어나 실제가 되기 위해서 효율의 무시라는 대가를 치러야 한다고 단정한다.

앞서 언급했듯, 요즘 우리는 서구 사람들의 가치관을 알게 모르게 흉내 내며 살아가고 있다. 그러나 우리가 흉내 내는 서구인의 삶이란 정확하게 말한다면 자본주의의 맹주로 등장한 이후의 부르주아 계급의 삶이라고 말할 수 있다. 부르주아들은 서구의 한 시기에 중요한 역사적 사명을 수행한 계층이다.

그러나 오늘날 이들은 비판과 극복의 대상이 되어야 마땅하다. 이들이 지배했던 지난 두 세기가 인류의 경험 중 가장 행복했고 또한 이들의 가치관이 장차 인류가 나아가야 할 방향이라면 비난할 근거가 없겠지만 오늘날의 사정은 전혀 그렇지 않다는 것이 문제이다. 부르주아적 가치관에 의문을 제기하여 새로운 삶의 방식을 논의해야 할 시기가 온 것이다.

부르주아 비판의 선봉장 역할을 맡았던 사회주의 이념에 대한 기왕의 많은 논의는 새로운 가치관을 창조하기 위한 하나의 방편이 될 수는 있었다. 그러나 약 70여 년에 걸쳐 실험되었던 사회주의 체제의 현실적인 좌절은 사회주의에 우리의 모든 기대를 걸 수 없음을 보여 주었다. 부르주아도, 노동 계급이 역사의 주체라던 사회주의도 다가올 역사의 대안이 아니라면 앞으로 도래할 시대에 누가 역사 창조의 주체가 되어야 할지 진지하게 생각해 보아야 할 것이다.

자본주의 I

16세기 이후 서구에서 일찍 꽃 피운 근대 자본주의는 부르주아 세력의 득세와 깊은 관계가 있다. 일반적으로 사유재산제, 이윤 추구, 시장 경제를 3대 축으로 삼아 전개된다.

사유재산제는 중세 장원의 점유와 확연히 구분된다. 중세 시대 토지 소유 방식의 근간을 이루는 점유는 일정 기간에만 토지의 이용권을 행사하고 기간이 만료된 경우 해당 토지에 관한 권한이 공동체에게 환원되는 방식이었다. 이는 모든 재화에 대해 독점적이고 배타적이며 영속적인 권한을 행사하는 근대의 사유와는 본질적으로 그 성격이 다르다. 점유가 '더불어, 함께'라는 정신에 근거했다면, 사유의 기본정신을 이루는 것은 '나 홀로 모든 것'이다. 오늘날 우리에게 점유의 정신은 개인의 창의성을 자극하는 데는 충분치 않은 듯 보이는 반면, 사유의 정신은 사람들에게 역동적 삶을 고취하는 듯 보인다. 사유는 자본주의 체제에서 삶을 이어 가는 우리에게 반드시 바람직한 것은 아니더라도 어쩔 수 없이 그에 적응할 수밖에 없는 필요조건이 되었다. 그러나 점유 또한 중세에는 당시 사람들이 어쩔 수 없이 그 수용을 강요 받았음을 기억할 필요가 있다.

두 번째로 이윤 추구라는 자본주의의 축을 생각해 보자. 하느님의 품 안에서 영생을 준비하는 신실한 중세의 가톨릭 교우라면 이윤 추구의 행위는 가까이해서는 안 될 일이었다. 성경에는 '부자가 천국에 들어가기란 낙타가 바늘귀를 지나는 것보다 더 힘들다'라는 말이 있다. 요컨대 중세의 성직자들은 적어도 이념적으로는 부富의 축재를 악에 이르는 첩경으로 간주했던 것이다. 누군가가 부자라면 그는 공정한 거래를 위반하고 남을 속였을 가능성이 큰 죄인으로 취급되었다는 말이다. 하지만 오늘날 자본주의 체제에서는 돈이면 무엇이든 안 되는 일이 없고, 돈 많은 사람이 어디에서든지 행세하며, 심지어 하느님의 축복을 받은 사람이 돈을 많이 벌 수 있다는 생각까지 하기에 이르렀다. 여기에서 우리는 이윤 추구라는 동일한 행위가 시간의 흐름 속에서 전혀 상반된 의미를 지닌다는 것을 알 수 있다.

마지막으로 시장 경제체제는 이념적으로 볼 때 수요와 공급이 어떤 제약도 받지 않고 자유롭게 만나서 서로의 욕구를 충족시키는 장으로 이해된다. 그러나 실제 역사에 나타난 자본주의의 한 축을 구성하는 시장의 성격은 이러한 이념과는 전혀 달랐다. 근대 이후 실제 자본주의 시장은 생산과 소비가 자연스럽게 만나는 장이라기보다 유통이라는 제3의 요소에 의해 통제받고 조직되는 독점의 놀이터였다.

물론 자본주의 이전 16세기 서유럽에 독점이나 폭리 없이 투명한 거래가 이루어지는 시장들이 없었던 것은 아니다. 그러나 그것은 근대 서구 자본주의 체제하에서 두드러지게 발전한 시장의 형태가 아니라 고대 이래 전 세계 어느 곳에서든 찾아볼 수 있는 형태였다.

사실 근대 이후 서유럽에만 있었던 독특한 시장의 형태, 다시 말하면 자본주의의 한 축을 구성하는 자본주의적 시장은 투명한 거래의 원칙에 입각한 시장 체계는 절대로 아니었다. 오히려 강제력, 즉 폭력의 후원을 받아 매점매석, 독점, 폭리 등을 시장 작동의 원칙으로 삼았다. 그렇다면 오늘날 21세기 세계 경제 질서의 기본 노선을 표방하는 WTO와 FTA 체제는 초강대국의 후견 아래 극소수의 사람들이 독점과 폭리를 통해 전 세계 대다수의 사람들에게 엄청난 부담을 노골적으로 강제하는 경제·사회·정치 질서라는 것을 예견할 수 있다.

근대 서구의 역사와 그 주인공들은 자유와 평등, 우애를 인류가 달성해야 할 이념으로 내걸었다. 이 시기의 소위 위대한 사람들은 이 이념을 실천한다면 정의가 온누리에 비처럼 내릴 것이며 모든 인류는 행복하게 살 수 있을 것이라고 외쳤다. 또한 이러한 이상이 서구에서 가장 먼저 실현되었다고 주장하기도 했다.

그런데 특이한 점은 일부 서구의 사람들 가운데에서 자신들의 삶이 이상적인 삶에 접근했다는 주장이 나올 때, 서구와 정치·경제적으로 긴밀한 관계를 맺었던 비유럽 지역 사람들은 비참한 삶을 견디며 살게 되었다는 것이다. 그에 해당하는 예들은 19세기 동안 해가 지지 않았다는 대영제국의 식민지 인도인의 삶 또는 과거 남아프리카공화국 내에서 억압받던 아프리카 원주민의 쓰라린 삶에서 찾아볼 수 있다.

이러한 사정에는 어떤 이유가 있었을 것이다. 혹시 일부 서구

✦ **케이프 식민지의 건설** 네덜란드는 17세기 남아프리카에 케이프 식민지를 건설했다. 케이프 식민지는 18세기 후반부터 영국의 지배를 받았으며, 1961년 남아프리카공화국이 건국되면서 독립했다.

사람들의 풍요로운 삶을 위해 비서구 지역의 사람들 대다수가 강압에 의해 자신들의 사람다운 삶을 포기한 것은 아닐까? 이런 생각들은 오늘날에도 주변부에 속하는 저개발 국가의 많은 사람들의 머릿속에서 사라지지 않고 있다. 오늘날 미국과 남미의 여러 나라들 사이의 관계를 살펴보면 이러한 의구심이 크게 잘못된 것은 아니다. 지난 50여 년 동안 대한민국의 경제 생산은 비약적으로 증가했고 그에 따라 국민들의 삶의 수준도 크게 높아졌다.

FTA 시대를 맞이한 오늘날까지 숱한 경제적 위기가 있었음에도 국민의 삶의 질이 나아진 것은 사실이다. 단군 이래 대다수가 생계를 걱정하며 굶주린 채 살아왔던 과거와는 달리 1980년대 이후에는 문화와 여유를 즐기는 수준까지 이르게 된 것이다. 비록 외국에 의존한 덕택이기는 하지만 말이다.

우리는 무엇으로 인해 물질적 궁핍에서 나아지게 되었을까? 약 40여 년에 걸쳐 경제력이 놀라울 정도로 증대된 까닭을 어디에서 찾아야 할까? 우리나라가 신자유주의, 자본주의 체제에서 어느 정도 이익을 보고 삶의 수준이 나아졌다면 그것은 우리의 주변 국가와 그 국민들이 우리를 위해 그만큼 희생했기 때문이 아닐까? 우리가 언제부터 더럽고 힘들고 위험한 일을 다른 사람들의 일이라고 치부하고 살았을까? 방글라데시인, 파키스탄인, 필리핀인, 몽골인, 우즈베키스탄인 그리고 연변의 조선족들이 돈을 벌기 위해 대한민국을 찾는 최근의 현실은, 폐허였던 한국 전쟁 시기 우리의 삶을 돌이켜 볼 때 상전벽해라는 말을 실감하게 하지 않는가?

우리나라 경제가 발전한 이유는 한국이 세계 자본주의 체제의 독점 구조에 편승했기 때문이라고 생각한다. 비극적이고 모순적이지만 이웃 나라 일본이 세계 자본주의 체제의 핵심 국가로 부

✦ 한국 전쟁 당시 한국 어린이의 모습

상할 때 우리가 그 체제에 슬쩍 끼어든 것이 아닌가 하는 것이다. 최후의 승자만이 모든 것을 갖는 자본주의 게임 방식이 당연한 것으로 통용되는 요즘, 우리 사회가 세계화를 통해 경쟁력을 높이기 위해서는 사회적 경비를 만만치 않게 지불해야 한다. 결국은 우리의 인간성만 자꾸 각박해질 것 같은 걱정을 하지 않을 수 없다. 시간이 지남에 따라 모든 것은 바뀌기 마련인데도, 우리는 불변하는 것이 있다고 믿고 그것에 집착하는 것이 아닌지 모르겠다.

훗날 한 인간의 삶에 대한 평가가 오늘날의 평가 기준과 같다고 믿기는 힘들지 않을까?

자본주의 Ⅱ

○○○○○○○○

근대 서구에서 비롯된 자본주의는 오늘날 전 세계를 휘젓고 있다. 1960년대 영국에서 나타난 비틀즈의 음악이 21세기에도 여전히 전 세계 대중음악계에서 최고의 자리를 차지하고 있는 이유는 사람들이 국경과 세월을 초월해 대중음악 속에서 비틀즈가 갖는 위대함을 알고 있기 때문이다. 이처럼 오늘날 세계가 자본주의 체제를 선택하고 있는 까닭도 지구촌의 많은 사람들이 서구 자본주의의 위대함을 알아보고 있기 때문이라고 판단할 수 있다. 그렇다면 서구 자본주의가 지니고 있는 위대함의 본질은 무엇일까.

우선 그 본질 중 하나는 사람들을 자극시키는 힘, 즉 동기 유발에서 찾을 수 있다. 누구에게나 오직 단 한 번씩 주어진 우리들의 삶에서 자신만의 삶을 살아 보려는 욕구는 우리 모두가 지닌 원초적 본능에 속한다. 자신의 일부나마 후대에 남기려는 원초적 성욕과 마찬가지로 삶을 자기의 방식대로 꾸려 보려는 욕구는 누구에게나 강렬하게 자리 잡고 있다. 그러나 모두가 알고 있듯이 한 번이라도, 한 시기라도 자신의 뜻대로 살아 보는 것은 무척이나 어렵다. 거대한 관계의 그물망으로 구성된 우리 사회에서 뚝 떨어져 나와 자신만의 삶의 방식을 고집하는 것은 상당한 대가를 각오해야 하기 때문이다.

봉건 사회에서는 혈연적 출생에 의해 신분이 결정된다. 때문에 양반의 자식은 양반, 상놈의 자식은 상놈으로 굳어진다. 귀족의 경우에는 문자의 의미대로 족속이 귀한 사람들이다. 흔한 족속의 사람들은 귀족들과 결혼을 하거나 엄청난 업적을 내세우지 않고는 귀족들의 반열에 올라설 수 없다. 그러니 철저한 신분 차이가 존재했던 봉건 사회에서 평민이 귀족의 가문과 통혼을 하는 것은 거의 불가능했다.

오늘날의 경우에는 과거와 달리 돈이 많은 가문도 귀족 가문으로 여겨진다. 그리고 이들 거부의 가문과 결혼할 수 있는 사람은 그야말로 아름다운 미모를 지닌 여성 배우, 탤런트나 케네디 가와 결혼한 아놀드 슈왈제네거처럼 외형적인 조건이 출중한 사람만이 가능해 보인다. 그러니 몸매나 외모가 받쳐 주지 않는 수잔 보일이나 폴 포츠와 같은 대부분의 사람들은 자신이 어떤 사람인지 남에게 알리고 확인받으며 스스로를 만족시킬 방법이 거의 없다. 우리 대부분은 21세기에도 여전히 상놈에 불과하며 귀족들을 부러운 마음으로 바라볼 뿐이다. 그러나 자본주의의 위대함은 바로 이 순간 빛을 발한다. 자본주의는 자신만의 분야에서 재능을 펼치는 개인이라면 누구나 사회로부터 인정받을 수 있다는 동기를 고취한다.

인간의 두뇌가 만들어 내는 독창성이나 번쩍이는 아이디어

✦ 애덤 스미스 《국부론》을 통해 자본주의의 토대가 되는 자유방임주의를 강력하게 주장했다.

는 부모로부터 물려받은 외모와는 달리 개인이 삶을 대하는 자세에 따라 크게 발휘될 수 있다. 조그마하고 땅땅하며 검은 피부색이나 돌출된 입 또는 유인원의 두상을 갖고 태어나 거울을 볼 때마다 낙담하는 사람도 머리싸움 분야에서는 시합에 출전할 수 있다.

자본주의의 장점은 나이, 성별, 국경을 초월하여 절대다수의 대단치 않은 사람들에게도 삶의 의욕을 북돋아 주는 데 있다. 이는 봉건 신분 사회의 판단 기준과 비교할 때 보다 더 강력한 흡인력

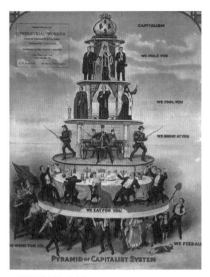

◆ 자본주의 신분 피라미드

을 지닌다. 그리고 이 흡인력은 인간의 본성에 제대로 부합된다. 인간이라면 모두 지니고 있는 흡인력을 끊임없이 강화시키는 힘. 그것이 자본주의 체제의 발달사이다.

이 흡인력은 또 다른 표현으로 욕심과 두려움이다. 즉 자본주의 체제의 역사는 인간의 욕심과 두려움의 극대화 과정인 것이다. 자본주의 체제의 활력을 지속시키려면 사람들은 무엇이든지 더 많은 욕심을 내야 하고 더욱더 커질 두려움에서 벗어날 수 없다는 대가를 치러야 한다.

욕심과 자본주의의 관계는 이미 충분히 언급된 바 있다. 사치야말로 자본주의 발전에 결정적 역할을 담당했다는 브렌타노의 주장부터 조금 더 멋있고, 조금 더 아름답고, 조금 더 빠르고, 조금 더 높게 등등으로 이어지는 '조금 더' 시리즈는 인간이라면 최선을 다하는 것이 마땅하다는 논리로 이어진다. 그러나 또 한편으로 자본주의 체제하의 사람들에게 커다란 영향력을 행사하고 있는 종교계는 안분지족의 삶을 설파하고 있다. 이들은 욕망의 극대화는 곧 번민의 극대화라고 가르치며, 마음을 비우는 것이 올바른 삶의 자세라고 설교한다.

우리가 살아가면서 느끼는 두려움을 자세히 들여다보면 욕심과 같은 맥락에서 두려움

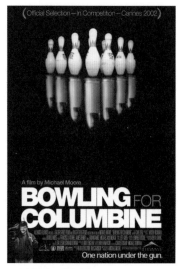

+ 영화 〈볼링 포 콜럼바인〉 포스터

이 작동하는 것을 알 수 있다. 영화감독 마이클 무어는 자신의 작품 〈볼링 포 콜럼바인〉에서 이 두려움의 실체를 미국 자본주의의 특성과 관련시켜 설명하고 있다. 마이클 무어는 자본주의 대표국인 미국, 즉 강력한 군사력, 경찰력, 자본력을 동원할 수 있는 나라의 국민들이 큰 불안과 두려움 속에서 하루하루를 영위하고 있음을 보여 준다. 누군가가 언제라도 자기의 생명과 재산을 침해할 수 있기 때문에 잠잘 때에도 베개 밑에 장전된 총을 둔다는 찰턴 헤스턴(미국 총기 협회 회장)을 집의 대문을 열어 두고 사는 캐나다

의 보통 사람들과 대비시키며 두려움의 극대화가 자본주의 체제의 유지를 위한 요긴한 방식임을 폭로한다.

오늘날 신자유주의 체제하의 우리 사회가 갖고 있는 무한경쟁이라는 화두는 '지면 죽는다'라는 불안감을 강화시키는 말이다. 이 말을 만들고 널리 확산시키는 사람들은 이것이 슬픈 현실이라고 강조한다. 하지만 불안감과 두려움을 확산시키는 사람들이 그 확산으로부터 이득을 챙긴다는 사실도 자명하다.

사회 불안이나 국가 위기를 강조하면 많은 비용이 그 분야에 투입되기 마련이다. 복지나 실업 대책 방안인 일자리 증대를 위해 쓰일 자금이 치안 유지비나 국방비 증액에 대폭 사용된다면 누구에게 이익이 될 것인가? 이 질문은 우리나라뿐 아니라 미국이나 북한에서도 마찬가지로 올바로 답변되어야 한다. 사람들에게 삶의 동기를 부여한다는 희망과 두려움이 빈부차이를 확대하며 동시에 자본주의 체제를 지속, 발전시킨다는 사실은 동전의 양면으로 인식될 필요가 절실하다.

자유주의

1789년 프랑스 대혁명이 성공한 이후 부르주아 세력은 19세기 세계 역사의 새로운 주역으로 선정되었다. 부르주아들은 특히 자신들에게 유리한 자본주의 경제체제의 발전을 위해 오랫동안 지속되었던 봉건 사회의 제도적, 사회적, 문화적 관행들을 없앴다. 그 이후 이들은 19세기 내내 부르주아 자본주의 사회체제에 적합한 여러 가지 제도 정비에 힘썼다. 서유럽에 있어 19세기 전반은 부르주아 세력들이 자신들이 주도한 쿠데타에 의해 새로이 수립한 체제를 확고하게 안정시키기 위해 자유주의라는 이념을 널리 보급한 시기로 정리된다.

물론 합스부르크 왕조의 메테르니히를 우두머리로 삼은 보수 집단의 필사적 저항이 없었던 것은 아니었다. 그러나 이미 대세는 부르주아의 자유주의 이념으로 기울고 있었다. 1830년 7월, 1848년 2월과 3월에 걸쳐 서유럽의 거의 전 지역에서 동시다발적으로 발생한 혁명들은 이 같은 대세의 흐름을 드러낸 것이었다.

19세기 전반의 자유주의 이념은 '개인의 삶이란 개인에게 모든 책임이 있다'라는 전제에서 출발한다. 이는 자본주의 체제의 구성 요소 중 하나인 경쟁과 연관된다. 경쟁에서의 승리는 보통의 노력으로는 불가능하다. 다른 사람보다 더 잘 참고, 더 잘 견디며, 더 지독해야만 경쟁에서 이길 수 있다는 것은 우리 사회에서도 이미 자명한 사실이다.

늘 웃는 고운 얼굴에는 웃는 안면 근육이 생기고 늘 찡그리는 얼굴에는 찡그리는 안면 근육이 생긴다고 한다. 이런 논리에 따르자면 치열한 다툼에서 승리를 쟁취하고도 고운 얼굴을 가진 분들은 엄청나게 독한 근육 훈련을 받은 분이 아닐 수 없다. 사회적으로 성공했다는 평판을 얻고도 부드러운 얼굴 근육을 가진 나이 드신 분들의 얼굴에서는 두껍게 회칠한 화장술의 교묘함을 본다. 사진작가 최민식 씨가 한평생 찍은 우리 주변의 나이 든 분들의 얼굴이나 만화가 오세영 씨가 그린 얼굴에는 정직하게 고생하며 한생을 살아온 찡그린 그러나 친근하고 익숙한 안면 근육들이 잘 드러나 있다.

부르주아 자본주의 체제가 갖고 있는 가장 큰 장점으로는 앞에서 언급한 것처럼 사람들에게 역동성을 부여한다는 것이다. 그리고 이 장점의 대응점에는 치열한 무한경쟁에서 이기려는 각박한 인간성의 가속화 또한 변함없이 자리 잡고 있다. 자본주의 발전과 메마른 인간성의 확산은 불가분의 관계이다. 하나의 동전에 두 측

✦ 프랑스 대혁명의 성공으로 단두대에 오른 루이 16세의 처형 모습

면이 있듯이 이 둘은 자본주의 체제를 구성하는 심리적 요소들이다. 그런즉 자본주의 사회에서 유능하다고 평가받는 사람이란 좋은 의미로 말하자면 남보다 뛰어난 업적을 성취하기 위해 부단히 노력하는 사람이지만 나쁘게 말하자면 지독한 사람일 수도 있다. 지독한 사람이면서도 얼굴에 웃는 안면 근육을 만든 사람들은 속으로는 얼마나 애간장을 태웠을 것인지 한편으로는 안됐다는 생각조차 든다.

✦ 〈민중을 이끄는 여신〉 프랑스 파리에서 일어났던 7월 혁명의 모습을 그린 들라크루아의 작품

자유주의가 대세를 이루었던 19세기, 서구에서는 갑작스럽게 '하늘은 스스로 돕는 자를 돕는다'라는 구호가 요즘 말로 하면 떴다. 그리고 이 구호는 곧 귀중한 금언이 되었다. 또한 스스로 돕지 아니하는 사람은 누구도 도울 필요가 없다는 내용으로 그 의미를 확대시켰다. 그리고 각 개인에게 자신의 삶의 결과를 있는 그대로 받아들이게끔 영향력을 발휘했다. 누군가가 실업자이고 가난하다면 그것은 전적으로 개인의 책임이니 알아서 살아야 하며 누구도 어려움에 빠진 그를 돕지 말아야 마땅하다고 부르짖었다. 그에 따라 외부에서 도움을 주고, 받는 것은 인간다움을 약화시키고 타락시키는 것으로 이해되었다.

오늘날 실업자의 증가와 국가 경제의 경기하강은 함수관계라는 거시경제적 사고는 19세기의 가치관으로 보면 개인에게 돌아갈 책임을 남에게 돌리는 잘못된 생각으로 비난 받을 일이었다. 그래서 19세기 전반에 실업자는 게으른 사람 또는 미래를 준비하지 않은 한심한 사람이라 비난 받았고 일종의 범죄자로까지 간주되었다. 통계조사 및 기록 보관에 있어 귀신이라는 평판을 얻은 나라인 프로이센에서도 19세기 중반까지 자국의 실업자 통계조사가 없었단 사실은 자유주의 자조 이념의 영향력이 얼마나 강력했던가를 알게 해 준다.

대체로 한 사람의 삶에는 몇 번인가 중요한 분수령이 있다. 요즈음 우리의 경우 진학, 취직, 결혼 등이 그 같은 인생의 중요한 전환의 계기가 된다. 19세기 서구에서도 교육, 직업, 재산 그리고 배우자 선택은 사람의 평생의 삶을 규정하는 결정적 요소들이었다. 이처럼 높은 수준의 교육을 받고 좋은 직장을 얻어 좋은 가문의 배우자를 얻는 것은 우리 모두의 희망이다.

그러나 대부분의 사람들에게서 이러한 희망은 단지 염원으로 끝나기 마련이다. 가끔 명문가의 가족 관계가 신문이나 월간지에 상세하게 게재된 것을 읽으면 '정말 대단한 가문이구나!'라는 감탄과 더불어 '야! 정말 끼리끼리 온통 다 해 먹는구나!'라는 불쾌한 느낌을 떨쳐 버릴 수 없다. 특정 가문의 구성원들이 좋은 교육을 받아 좋은 직장을 갖고 멋진 배우자를 휩쓸면 하늘은 스스로 돕는 자를 돕는 것이 아니라 스스로 돕는 가문만을 돕는 셈이다. 반면 신문이나 방송에서는 어떤 사람이 어려운 여건 속에서 사회적으로 성공하면 '개천에서 용났다'라는 타이틀로 대서특필하는 버릇이 있다. 이는 이런 일이 정말 아주 드물게 일어나는 일이기 때문이 아닐까 싶다.

개인에게 그의 삶에 대해 전적인 책임을 묻는 사회현상은 정당하지 않다. 그러나 19세기 서구 사회에서는 개인에게 그의 삶에

대해 전적으로 책임을
물어야만 된다는 이념
이 넘실대었다. 누군가
가 실업자이고, 어느 나
라가 식민지로 전락하
고, 식민지인들의 삶이
노예 상태로 놓여 있더
라도 그 사실에 대한 책
임은 전적으로 각자에
게 또는 각국에 돌려야
한다는 것이었다. 이러

✤ 새로운 사회의 주인이 된 영국의 부르주아 계급

한 생각은 사회적으로 성공한 사람들이나 강력한 국가에만 유리
한 것이 아니겠는가. '강자에게는 이익을!'이라는 생각이 19세기
서구 그리고 오늘날 우리나라를 휩쓰는 자유주의 이념의 본질이
라고 단정하고 싶다. 그리하여 자유주의 이념은 서구인들로 하여
금 비서구 지역에서 죄의식이나 양심상의 가책 없이 제국주의적
착취와 인종차별 등 비인간적 잔혹한 행위를 거리낌 없이 저지르
도록 도와주었던 것이다.

근대 이후 서구의 사람들을 매료시켰던 '자유, 그 영원한 진

리!'라는 믿음은 오늘날에는 우리 곁에, 아니 우리 속에 깊숙이 자리 잡고 있다. 이 지고한 자유의 이념은 모든 인류가 오랫동안 갈구해왔던 이념임에 틀림이 없다. 근대 서구의 역사는 자유를 제외하고는 언급하기가 힘들 정도이다. 그러나 그 자유는 승리자들에게 압도적으로 유리한 것일 수밖에 없었다. 그와 똑같은 자유의 이념이 우리에게 적용되면 우리에게 유리할 것인지 아니면 불리할 것인지 우리가 판단은 할 수 있을지 모르나 그와 똑같은 자유의 이념의 수용 여부를 우리가 결정할 수 있을지는 불분명하다. 이는 누군가가 우리에게 그 자유의 이념을 강요하고 있다고 느끼기 때문이다.

제국주의

우리는 제국주의라는 말에서 우리 민족의 영광을 생각하기 보다는 일제에 의한 우리 민족의 수치스런 과거로서 이민족의 지배와 수탈 그리고 억압을 머리에 떠올린다. 우리에게 제국주의라는 말은 곧 일제를 연상시켜 부정적인 의미로 다가온다. 그러나 한때 해가 지지 않는 나라로 세계를 호령했던 대영제국이나 나폴레옹

✦ **청일 전쟁** 청나라와 일본은 한반도를 장악하기 위해 전쟁을 벌였다.

의 유럽 정복을 기억하고 있을 프랑스에서는 제국주의라는 말이 부정적인 의미로 기억되지는 않을 것이다. 이처럼 같은 용어임에도 각국의 역사적 경험에 따라 오늘날을 살아가는 사람들에게 제국주의라는 용어가 갖는 의미에는 차이가 있다.

알다시피 19세기 후반 서유럽의 여러 나라들은 무력을 수단으로 삼아 아시아, 아프리카를 자신의 영향력 아래에 두었다. 3세기 이상 동북아시아를 대표하고 스스로 세계의 중심이라 일컫던 청淸 왕조의 중국조차 이즈음 유럽의 무력 앞에서는 무기력한 종이호랑이에 불과했다.

19세기 제국주의는 유럽과 비유럽 지역 사이의 현저한 군사력

0
1
우리 눈으로 보는 서양의 역사

✢ 영국, 독일 등의 국가들이 청나라 영토를 분할하는 모습을 풍자한 그림

의 차이에서 비롯되었다. 침략자로서 유럽 및 미국의 백인들은 살상 능력이 뛰어난 기관총과 대포를 동원하며 세계 도처에 싸움을 걸었고 유색인들은 구식 총과 칼을 가지고 방어적 싸움에 끌려 나갔다. 그 싸움의 승패는 처음부터 명백한 것이었다. 승리자로서 백인들은 패배한 식민지의 사람들에게 서구의 정치제도, 종교, 가치관과 문화의 수용 등 요컨대 세상을 보는 눈을 강요할 수 있었다. 그리고 그것이 패배한 미개인들을 교화시켜 문명 세계로 인도하는 길이라고 믿었다. 이 시기 서구 사회에서는 찰스 다윈의 생존경쟁, 자연도태, 적자생존 이론이 각광받았다. 그리고 이 이론들은 사회 진화론으로 변용되어 서구 백인들이 아무런 양심의 가책 없이 유색인들을 도구로 사용하는 데 도움을 주었다.

우리들이 어린 시절에 꿈을 키우며 읽었던 많은 동화에서 주인공은 언제나 백인이었다. 반면

✦ 다윈 다윈의 진화론은 제국주의의 식민지 강탈을 정당화하는 데 일조했다.

우리 눈으로 보는 서양의 역사

착하고 충성스러운 하인들은 유색인이 많았다. 지금도 우리나라의 천진난만한 꼬마 소녀들이 안고 다니는 인형들은 거의 대부분 하얀 얼굴에 금발을 하고 있다. 나아가 NBA 농구에 흠뻑 빠져 있는 청소년들은 전태풍, 김주성 선수가 아무리 잘해도 과거 시카고 불스의 마이클 조던이나 르브론 제임스와 비교할 수 없고, 국보 센터 서장훈 선수는 올랜도 매직의 샤킬 오닐과는 게임이 안 된다고 말한다. 영국 맨체스터 유나이티드 FC의 웨인 루니나 FC 바르셀로나의 리오넬 메시를 우리나라의 기성용이나 박주영, 박지성과 같은 수준에서 비교할 수 없다고 생각하는 것처럼 말이다.

스포츠뿐 아닌 학문 분야에서도 비슷한 경향이 나타난다. 국내에서 석학碩學으로 잘 알려진 저명한 사람들의 학력을 보면 국내 명문 대학 출신보다 미국의 하버드대학 같은 명문 대학에서 일찍 유학 생활을 한 사람들이 많다. 예술의 경우도 마찬가지다. 우리나라를 대표하는 세 명의 소프라노 조수미, 홍혜경, 신영옥은 미국 뉴욕에 있는 메트로폴리탄 오페라 극장에서 명성을 얻었다. 그리고 베를린 필하모닉의 황제였던 카라얀에게 극찬을 받았다. 이들의 음악적 기량은 존경하지 않을 수 없다. 나아가 음악적 역량은 우리나라에서가 아니라 외국에서 인정받았기에 더 공신력이 있는 것처럼 보인다. 오래 전 정명훈이 모스크바에서 주최한 차이

✤ 메트로폴리탄 오페라 극장

콥스키 국제 콩쿠르에서 입상했다는 소식을 듣고 이를 축하하기 위해 서울 시내에서 정명훈을 카퍼레이드로 환영한 일도 있었다. 누구든 무엇이든 남보다 뛰어나게 잘하면 사회로부터 보상이 있지만 서양의 것을 잘할 경우에 우리 사회가 그 능력에 대해 보상하는 정도는 우리의 것을 잘할 때의 보상보다 더욱더 크다.

매년 선발 대회를 거쳐 미스코리아에 당선되는 여성들의 키는 대부분 175cm가 넘는다. 우리나라를 대표하는 아름다운 여성의 키의 기준이 175cm인 것이다. 자신의 고운 모습을 거울에서 확인하는 우리 주변의 젊은 여성들은 키 때문에 미스코리아를 포기해야 하는 것이다. 신장 175cm라는 기준은 요즈음 우리 사회의 화두가 된 세계화, 국제화라는 구호와 별 관련이 없어 보인다. 그러나 어느 틈엔가 미스코리아의 결정적 자격 조건이 되었다.

서양 여성의 아름다움의 기준은 아프로디테 혹은 비너스 여신이다. 이 미의 여신을 인간이 형상으로 빚어내니 그 얼굴과 신체의 비율은 팔등신이 되었다고 한다. 얼굴은 조막만하고 몸은 길어야 팔등신의 비율에 접근할 수 있다. 그러나 동양 여성의 평균적 신체 구조로는 팔등신 미녀가 되기엔 거의 불가능하다. 반면 서양 여성의 신체 비율은 팔등신을 기준으로 삼을 때 우리보다 유리하다.

현재 우리나라에서 미스코리아를 선발할 때 심사위원들이 사용하는 판정 기준은 우리 주변에서 볼 수 있는 여성들에게 들어맞는 조건은 아니다. 오히려 젊은 백인 여성의 신체 조건에서 보다 유리한 조건이다. 그런데도 한국을 대표하는 여성으로서 보다 큰 키와 서구적인 마스크에 영어를 잘하는 여성이 선발되는 것이다. 그러나 미스코리아로 선발되는 여성이 한국적이 아니라 서구적인 용모를 가졌다는 현실에 대해 심사위원도 시청자들도 별 시비를 따지지 않는다.

무력으로 제국을 수립하는 것은 피정복민들의 거센 저항을 불러일으키기 마련이다. 그 힘의 행사 방식이 직접적, 억압적이기 때문이다. 그러나 지배 문화가 피정복 지역 사람들의 생각의 틀에 뿌리를 내리면 억압적 제국주의 국가는 피지배 국가가 본받을 나라로 승격되고 그들의 삶의 방식에 남보다 빨리 적응하는 일이 피지배 국가로서의 의무가 된다. 일이 이렇다면 제국주의 억압을 극복하기 위해 침략당한 나라의 사람들에게 이민족의 지배를 끝내야 한다고 주장하는 일부터 나아가 그들에게 민족의 혼이라든지 애국심을 불러일으키는 일은 결코 쉽지 않다.

소설가 복거일의 《비명을 찾아서》라는 소설은 우리가 현재도 일제의 지배를 받고 있는 상태로 가정하고 이야기를 전개한다. 그 소설은 일제가 조선 지배의 영속성을 보장하기 위한 정책으로 조선에 대한 과거의 모든 기억을 말살함으로써 조선인의 저항을 원천 봉쇄하는 데 성공한다. 현재 우리 사회의 거의 모든 분야에 골고루 침투한 일본의 소름끼치는 영향력을 분명하게 인정하고 이에 대처해야 한다고 솔직하게 털어놓은 이 소설은 여전히 음미할 가치가 있다.

소설가 조정래는 최근에 일고 있는 영어 조기 교육에 일침을 놓았다. 그의 주장의 요지는 '아시아의 여러 나라 가운데 영어를 잘하는 사람이 많은 나라가 잘사는 나라로 귀결되지는 않는다. 일본은 대부분 사람들이 영어를 말하지 못하지만 경제대국을 이루었다. 일본에서는 세계 시장을 향해 영어를 비롯한 외국어들을 하되 해야 할 필요가 있는 사람, 하고 싶어 하는 사람들을 대상으로 집중적인 교육을 시킨다고 했다'였다. 일본의 학계는 특정 분야를 제외하고는 외국에서 학위를 받은 사람들에게 일본의 학위를 다시 하도록 강권한다. 그러나 우리 경우 외국의 박사 학위의 가치는 여전히 국내에서보다 월등히 높다.

어느 민족이든 뿌리가 있다. 오래된 민족의 뿌리는 시련과 고초를 겪으며 상처를 입었기에 모양새는 흉할지 모르나 쉽게 흔들리지 않는다. 세계화를 화두로 내세우는 요즈음이야말로 다른 나라의 영향을 유익한 방향으로 흡수하는 일 못지않게 민족의 것을 또다시 찾아내 키워 나가는 일에 보다 힘을 기울여야 할 때이다.

그러나 우리의 경우는 이런 균형감을 잃고 세상을 바라보는 눈이 서양 중심으로 고정되어 있고, 계속 그 방향으로 밀어 가고 있다. 이런 추세가 계속된다면 우리에게 남는 것은 스스로를 부끄럽게 생각하는 마음뿐일 것이다. 이는 우리 자신에게 도움이 되기보다는 서양인들에게 거만한 마음을 부추길 위험이 크다. 그렇게 되면 서양 문화의 세계화는 서양 사람들에게도 꼭 유리한 결과를 가져다주지는 않을 것이다. 누구에게든 자만은 파멸에 이르는 첩경捷徑이 아니겠는가.

1890년대

ooooooooo

흔히 세기말에 나타나는 사회 분위기를 데카당스Décadence라고 한다. 주로 문학의 한 경향으로 알려진 데카당스는 세기의 초엽이나 중반에는 그 퇴폐적인 분위기를 당당하게 내세우지 못한다. 하지만 세기 말에 이르면 데카당스는 종종 최첨단의 유행이 된다.

19세기 동안 서구 사회에서는 자유주의 이념과 사회주의 이론 및 여러 사회운동들이 서로 상호 보완하며 사회 발전을 일구어 내었다. 또한 자연과학과 기술의 협력 증진은 공업 분야에서 산업혁명을 이루어 내어 서구인들에게 엄청난 생산의 증대를 선물로 주었다. 이 결실로 백인들은 전례 없는 물질적 풍요를 즐길 수 있었다.

그러나 19세기가 끝나갈 즈음 서구의 백인들은 지난 100여 년간 자신들이 한 행동을 돌이켜 보며 다가올 20세기를 전망하게 되었다. 지난 세기를 돌이켜 본 백인들에게 우선 의문의 대상으로 떠오른 것은 인간의 이성이란 과연 절대적으로 신봉할 가치가 있는 것인지의 여부였다. 이들이 이성을 절대적으로 믿는 관행에 대해 의심을 품게 된 까닭은 19세기 말 서구 사회 내의 현실이 만족스럽지 않았기 때문이었다.

18세기에 계몽주의, 합리주의 사상이 서구 사상의 지배 이념으로 자리 잡은 이후 서구인들은 이성에 의거하여 꿈을 현실로 만드는 사회변혁 작업을 계속했다. 게다가 자유, 평등, 우애를 성취해야 할 이념으로 내세웠던 프랑스 대혁명의 성공은 서구인들에게는 꿈이 실현된 좋은 본보기를 제공했다. 그러나 대혁명이 성공한 이후의 결과는 기대만큼 만족스럽지 못했다. 자유도 평등도 우애도 혁명 이후 실현되지 못했던 것이다. 전대미문의 물질적 풍요,

정치적 민주화, 경제적 안정과
세계 제국의 수립이라는 엄청
난 외관상의 업적을 일군 19세
기 서구 사회였지만, 내부에서
는 노동문제를 필두로 삼아 여
러 가지 사회문제가 노출되었
고 이런 문제들은 쉽사리 해결
될 것 같지 않았다.

✦ 니체 실존주의 철학의 선구자

　기독교 하느님에 대한 조건
없는 순종의 믿음을 거부하며
초인超人숭배를 주장한 니체가 '신은 죽었다'라고 외쳤던 것은 당
시 사회 공리公理로 인정받고 있던 가치관에 대해 노골적으로 도
전장을 던지는 시대 흐름을 상징적으로 보여 준다. 일부 지식인들
이 이성의 존중이라는 오래된 관행에 의문을 던지고 사람들이 이
에 관심을 보인 까닭은 인간의 이성이란 어떤 자연과학의 방법을
사용한다고 해도 밝혀낼 수 없는 대상이었기 때문이다. 제 아무리
이성을 분석하고 자료를 계량화한다고 해도 이성을 수식數式으로
또는 실증적으로 증명하기란 불가능하지 않겠는가?

　더구나 이 시기에는 다가올 20세기에 사회 전 분야에 걸쳐 커

다란 영향력을 행사할 프로이트의 정신분석학이 등장했다. 많은 사람들이 '인간의 행동을 이끌어 내는 것은 이성이 아니라 동물적 본능이다'라는 프로이트의 주장을 받아들이자 이성을 존중했던 오래된 서구의 합리적 계몽주의 전통은 기초부터 동요되었다.

그의 주장은 깨어 있는 의식이 아니라 빙산과 같이 드러나지 않은 무의식, 잠재의식 등이 인간의 행동을 결정함에 있어서 더욱 중요하며 무엇보다도 성적 충동을 바르게 이해하는 것이 인간에 대한 이해를 결정한다는 것이었다. 이는 합리적 사고에 입각하여 인간을 이해하려는 이성 중시의 전통적 사상의 본류에서 크게 벗어나 있었다. 물론 프로이트도 인간 행동이 성적 본능에 토대를 두고 있음은 이성을 사용하여 밝혀 낸 것이기는 하다.

나아가 20세기 초 세인의 관심을 끈 아인슈타인의 상대성이론은 고전물리학(뉴턴의 역학과 맥스웰의 전자기학을 바탕으로 하는 물리학)의 토대를 이루었던 뉴턴의 운동방정식에 의문을 제기했다. 그 이전까지만 해도 뉴턴의 물리학은 근대 서구 자연과학의 변함없는 철옹성鐵甕城이었다. 그러

+ 특수상대성이론과 아인슈타인을 기념하는 우표

나 전문 물리학자도 이해하기 힘든 상대성이론이란 것이 나타나 뉴턴 법칙의 절대성에 의문을 제기하며 물질과 운동 관계 사이의 상대성을 주장했다.

시간이 누구에게나 같은 시간이 아니라 광속으로 움직이는 우주선 안에서의 시간은 지구에서 보내는 시간과 다르다는 엉뚱한 주장이 나왔다. 게다가 그런 주장이 바르다는 관측 결과까지 등장했다. 물리학에 대해 전혀 관심이 없던 사람들도 덩달아 '아인슈타인이 뉴턴보다 머리가 더 좋다'라고 떠들며 과학의 본질 또는 자연과학법칙의 상대적 성격에 대해 토론했다. 요컨대 너무도 자명하여 누구도 의문을 품지 않았던 하느님의 존재 여부나 뉴턴의 물리법칙에 대해 재검토 요망이라는 판정 결과가 나왔던 것이다.

자연과학의 기초를 이루는 물리학의 경우가 이러하자 다른 분야에서의 확실하다는 주장들도 '정말 그러한가?'라는 의혹의 눈

길을 받았다. 인류가 오랫동안 사용해 왔던 모든 제도나 가치관은 다시 한 번 해명서를 작성해야만 했던 것이다.

이에 더해 1890년대 서구 사회에서 나타났던 또 다른 변화의 움직임도 주목할 필요가 있다. 그 움직임은 다름 아닌 대중 사회의 도래였다. 19세기에는 명성과 신망이 높은 사회의 엘리트들이 교양과 재산을 밑천으로 삼아 부르주아 사회를 주도했다. 이들에게 일반 대중이란 조작 대상에 불과했다. 사회의 엘리트들과 학식 높은 명망가들은 교육도 제대로 받지 못하고 재산도 없어서 삶을 겨우 이어 가는 대중들이 정치에 참여한다는 것은 사회를 파멸과 타락으로 몰아가는 것이라고 생각했다.

엘리트들은 대중을 부화뇌동하고 쉽사리 선동에 넘어가는 어리석은 다수라고 간주했다. 그런즉 엘리트들은 대중 문화를 천박한 문화로 치부하고 자신들의 문화가 사회를 지탱하는 토대가 되어야 한다고 생각했다. 재산과 교양이라는 기준을 설정하여 대중의 참정권을 제한했던 것은 부르주아 엘리트들의 입장에서는 국가 발전을 위해 어쩔 수 없는 조치로 납득되었다.

그러나 이 시기에 이르러 어느 정도의 재산을 가져야 완전한 참정권을 누릴 수 있느냐가 시빗거리가 되었다. 예컨대 5천만 원 이상의 재산 보유자에게 완전한 참정권을 주고 그 이하의 재산

✦ 애완견은 종류에 따라 소유자의 신분을 알려 주는 일종의 신분증 같은 역할을 했으나 1890년대에는 중산층으로까지 애견 문화가 확산되었다.

보유자에게는 제한된 참정권만을 부여한다면 아마도 자기의 재산이 4천 9백만 원인 사람은 이 규정에 대하여 분노할 것이다. 반발이 심해져 참정권의 재산 한도를 3천만 원으로 낮추자 이번에는 2천 9백만 원인 사람들이 들고 일어났다. 이 과정에서 정치 민주화로 나아가는 멀고 긴 여정이 본 궤도에 오르게 되었다.

그리하여 1890년대 서구 전역에서 국가가 강제력을 통해 대중의 정치 참여를 배제시킬 수 없게 되었다. 한걸음 더 나아가 대중이 조직한 급진적 정당이나 이익 단체 같은 정치조직을 법적으로 금지할 수 없었다. 이는 소수 사회 엘리트들이 누려 왔던 자유라는 특권이 보다 많은 사람들이 누릴 수 있는 그만그만한 특권으로 변했기 때문이다.

대중들은 자신들 가운데 대표를 뽑아 국회로 진출시키거나 이러한 일이 어려울 경우에는 자신들의 이익을 충실히 대변할 부르주아 엘리트들을 국회로 보내는 일에 큰 관심을 가졌다. 보통 선거제의 실시로 일정한 수의 유권자를 대변하는 국회의원들이 국회를 구성하여 법을 제정하고 매년 국가재정에 대해 심의, 승인 및 결산의 권한을 행사했다. 그러자 엘리트들은 사회가 개판이 되었다고 깊은 한숨을 내쉬었고, 대중 사회의 도래에 대한 우려를 나타내는 엘리트들의 외침이 점차 커지기 시작했다.

1895년에는 귀스타브 르 봉이 지은 《군중심리》가 주목받았다. 또한 1929년에는 호세 오르테가 이 가세트는 《대중의 반역》을 통해 '오늘날의 특징은 범속한 인간이 스스로의 범속함을 알면서도 범속하다는 사실의 권리를 감연히 주장하고 도처에서 관철하려고 하는 바에 있다'라는 지적까지 했다. 이같이 교육받고 안정된 삶을 살아 온 소수 엘리트들은 대중들이 사회를 주도하려는 행태를 보고 불안을 떨쳐 버릴 수 없었다. 그러나 더 많은 수의 대중들의 입장에서는 이제야 겨우 자신들의 생각이 국가정책에 반영되는 것으로 보였다. 한쪽에서는 불안감이 커지는 동안 다른 한쪽에서는 처음으로 뿌듯함을 느꼈다는 말이다.

우리들의 삶에서 자신과 다른 생각을 가지고 살아가는 사람들에 대해 그들의 삶의 몫을 인정하기란 쉽지 않다. 더구나 치열한 경쟁 사회에서 남에 대한 배려는 얼빠진 일일 수 있다. 그러나 다수결의 결정 방식은 각자에게 돌아오는 책임의 부담을 줄인다는 강점이 있다. 오늘날도 대중 사회는 리더가 이끌어 가는 사회로 인식되고 있지만 이는 잘못된 생각이다. 세계사의 관점에서 1890년대 서구에는 별로 주목받을 만한 역사적 사건이 없었다. 그 이유는 새로운 사회의 주인으로 등장한 대중을 옛 주인들이 아직 우습게 알고 있었기 때문이다.

러시아 혁명

○○○○○○○○○

정말로 많은 일들이 있었고 어려움도 많았던 지난 100년, 20세기의 세월을 지금 이 시점에서 돌아볼 때, 인류 전체에 가장 큰 영향을 미친 사건 하나를 손꼽는다면 러시아 혁명이다. 지난 100년 동안 제1차, 제2차 세계대전, 핵무기의 사용, 달나라 탐험, 기하급수적 인구 증가, 기상이변, 정보 사회의 도래와 같은 많은 일들이 발생했다. 그런데 이들 가운데 과감하게 러시아 혁명을 손꼽은 데는 다음의 몇 가지 이유가 있다.

첫째, 러시아 혁명은 현실에서 사회주의 체제를 작동시킨 성공한 혁명의 최초 사례였다.

둘째, 사회주의 이상이 환상 속에서나 가능한 장밋빛 꿈인 것으로 판명되었지만 그럼에도 그나마 인간이 꿈꾸어 볼 수 있는 유토피아 사회를 현실에서 구현하려는 최초의 전면적 시도였다는 사실을 무시할 수 없다.

셋째, 세계 인구의 절반 정도가 러시아 혁명의 성공으로 20세기 내내 사회주의 체제에서 살았고 그리하여 인류 역사상 아주 새로운 사회 경험을 해 보았기 때문이다.

오늘날 러시아 혁명의 의의는 근대 이후 서구인들이 자본주의 체제에서 살면서 겪었던 문제점들을 해결하기 위해 꿈꾸었던 이상 사회의 실현이란 결코 쉽지 않은 과제임을 알았다는 데 있다. 또한 이 과업의 완수는 인간에 대한 보다 폭넓고 보다 깊은 이해 없이는 불가능하다는

+ 시민을 선동하는 레닌

값비싼 경험을 인류에게 남겼다는 데 있다.

러시아에서 인류 역사상 최초로 사회주의 혁명이 성공한 것과 러시아의 역사적 경험은 불가분의 관계를 지녔다. 이 둘의 관계를 찾아본다면, 동토凍土의 땅 러시아는 지리상 유럽과 아시아에 걸쳐 광대한 영토를 가지고 있다. 이런 러시아에게 따뜻한 남쪽으로의 진출은 영원불변의 꿈이었다. 또 다른 불변의 꿈은 유럽의 정식 동료로 인정받고 싶다는 것이었다.

근대 이후 서구의 선진 국가들은 러시아를 유럽 대륙뿐 아니라

아시아에도 한발을 딛고 있는 애매한 서구의 변방 국가로 간주했다. 그래서 러시아의 역대 황제들은 서구로 향하는 창을 열어놓고 귀를 쫑긋 세우며 서구로부터 무엇인가를 배우고 흉내 내어 유럽 국가의 일원으로 인정받기 위해 노력했다. 그러나 역대 러시아 황제의 서구 지향 경향이 지나칠 때마다 러시아의 지식인들은 슬라브 민족정신의 귀중함을 내세우며 물질 중심적인 자본주의 체제가 만들어 내는 삶의 천박성을 강도 높게 비판했다. 이러한 성향의 지식인들을 친슬라브파라고 불렀다.

친슬라브파의 대표적 문학가인 도스토옙스키는 그의 작품《카라마조프 가의 형제들》중 〈대심문관〉 편에서 막냇동생 알료사로 하여금 친서구파인 큰형의 말을 그저 묵묵히 듣는 것으로 묘사했다. 그러면서도 큰형의 삶을 바라보는 자세가 얼마나 허망한 것인지 큰형 스스로 자인하는 모습을 보여 준다. 또 다른 친슬라브파인 톨스토이는 그가 수집, 정리한 러시아의 옛 민담《바보 이반》의 이야기를 통해 친슬라브파들의 정신적 지향점이 어디에 있는가를 보여 준다.

러시아의 대문호들은 서구 자본주의 체제의 궁극적인 도달점이 가벼운 삶, 허망한 삶일 수밖에 없다면 친슬라브파의 지향점은 그 무엇과도 비견할 수 없는 삶의 귀중함, 고결함의 추구라고 결론지었다. 또한 서구 자본주의의 물질 중심적 세계관에서는 인류 미래의 어떤 희망의 가능성도 발견할 수 없다고 비판했다. 그리고 이러한 주장이 담긴 작품들이 세계 문학 사상 고전의 반열에 오르면서 더욱 설득력을 얻었다.

✤ **도스토옙스키** 톨스토이와 함께 친슬라브파의 대표 작가로 당시 과도기에 놓여있던 러시아의 모순을 작품 속에 담아냈다.

19세기에 러시아의 산업화 수준은 분명 서구에 비해 뒤쳐져 있었다. 당시 러시아는 자본주의 발전에 장애가 되는 많은 요소들이 있었고 커다란 영향력을 지니고 있었다. 러시아에서는 서구에서와 같은 부르주아 혁명이 없었기 때문에 의회 민주주의도 뿌리내리지 못했다. 때문에 19세기 러시아는 근대화라는 노선에서 다소 벗어나 있었고 러시아 정교와 로마노프 왕조는 여전히 전제적 권한을 행사할 수 있었다.

근대 이후에도 러시아는 각 개인의 시민적 자유의 확대와 세속

+ 1917년 페트로그라드에서 노동자와 군인들을 향해 연설하고 있는 볼셰비키

화의 진전에 분명한 흔적을 남기지 못했다. 이처럼 근대 서구의 가치 기준으로 보면 러시아는 분명 모든 면에서 후진국이었다. 그러나 이상하게도 19세기 초반 유럽을 휩쓴 나폴레옹과 20세기 전반 다시 한번 유럽을 휩쓴 히틀러는 러시아로부터 결정적 타격을 받아 몰락했다. 이 결과를 보고 러시아 사람들, 특히 친슬라브파는 러시아만이 포악한 압제자로부터 19세기 및 20세기의 유럽과 전 세계 인류를 구해 낼 수 있다고 자부했다. 그리고 이런 주장은 타당성이 있어 보였다. 이들은 몰락할 수밖에 없는 유럽 미래의 희망은 오직 러시아에서 찾을 수 있다고 믿었다.

친슬라브파의 이와 같은 논리를 러시아 혁명에 적용하면 아마 다음과 같은 생각들로 정리될 듯하다. 우선, 인간을 포함하여 만물을 상품화하는 서구 자본주의 체제의 근간을 부정하며 인간 중심의 사회체제를 만들 수 있는 나라는 러시아밖에 없다. 경쟁에서 승리한 자가 모든 것을 갖는 서구의 사회체제를 제거하는 과업은 러시아에서만 가능하며 이는 러시아인들의 두터운 신앙심과 깊은 관련이 있다. 서구 자본주의 사회의 이기적인 물질 중심적 가치관은 하느님에 대한 믿음에 토대를 두고 더불어 사는 사회를 만들어 가려는 러시아인들의 가치관과 대체되어야 한다. 러시아만이 인류의 미래를 책임질 수 있는 유일한 민족이다.

친슬라브파들의 이러한 생각은 그 생각의 옳고 그름을 떠나 러시아에서 전개된 사회주의 혁명의 성공을 도와주었다. 1920년대 이후 선진 자본주의 국가인 미국과 유럽에서 끝이 보이지 않는 경제공황이 발생했을 때, 소비에트 러시아의 경제는 실제로 마치 탄탄대로를 달리는 경주용 자동차처럼 발전했다. 때문에 일부 서구 지식인들 또한 인류의 미래의 희망은 러시아에서 찾을 수 있다고 믿었다. 자본주의 체제와 사회주의 체제의 우열을 비교할 때 오늘날에는 자본주의 체제의 궁극적 승리로 평가되지만, 1920년대 후반의 상황은 정반대였던 것이다. 대다수의 사람들은 사회주의 체제가 결정적으로 자본주의 체제를 압도했다고 믿고 있었던 것이다.

1970년대 후반 우리 사회에서 에리히 프롬의 《소유냐 삶이냐》라는 책이 주목을 받은 적이 있다. 소유를 가장 중시 여기는 자본주의 체제를 날카롭게 비판하며, 사람은 소유가 아니라 존재 자체를 지향해야 한다고 강조했던 프롬은 구약 시대 애굽을 떠나 가나안 광야에서 힘들게 살아가던 유대 백성들의 고통을 야훼가 의도적으로 강요했다고 설명한다. 인간이 소유에 얽매이면 삶 자체를 잃게 된다는 프롬의 생각과 부처님이 여러 경전에서 무소유를 강조하고 사람들에게 삶을 살아갈 것이지 소유에 미혹되어서는 안 된다고 가르친 것과 그 내용에 있어서 다를 바가 없는 것 같다.

하지만 19세기 말, 서구 사회가 고도 자본주의 단계에 이르면서 사람들은 살아 숨 쉬는 하나의 인격체가 아닌 경제 단위의 하나로 추상화되었고 물화物化된 것만은 분명하다. 이러한 인간성의 상실은 자본주의 체제에서는 필연적일 수밖에 없다는 믿음으로부터 소비에트 사회주의 체제는 새로운 대안으로서 탄생했다.

새로운 사회주의 체제는 서구 자본주의 체제로부터 고통을 받았던 후진국 특히 서구 계몽주의의 식민 지배를 받아 쓰린 경험을 가진 나라에서 열정적인 환영을 받았다. 그리하여 사회주의 체제는 짧은 기간에 전 세계로 그 영향력을 넓혀 갔다. 그러나 사회주의 체제의 실험이 분명하게 실패한 오늘날 '소유냐 삶이냐'라는 물음에 대한 정답이 소유라고 밝혀졌다고 해도 삶이 정답이라는 주장은 어두운 구석에서 여전히 꿈틀거릴 것 같다.

이는 소유를 삶의 최우선 가치로 삼는 오늘날의 자본주의 체제가 여전히 많은 사람들에게 불만스런 삶을 강요하기 때문이다. 사회주의 체제가 소멸한 이 시점에서 드디어 유토피아 사회가 도래했다고 믿는 사람은 우리 주변에서 찾아볼 수 없다. 그런즉 이상적인 사회를 현실에서 구현하려는 노력은 지난 러시아 혁명과는 다른 모습일지라도 끊임없이 나타날 듯하다.

04
현대
CONTEMPORARY AGES

대중 사회

οοοοοοοο

 역사가들은 일반적으로 16~18세기의 서양 근대사를 절대주의 시대, 19세기를 자유주의의 시대로 정의한다. 그러나 지난 20세기를 어떻게 정의할 것인지는 충분한 논의를 거쳐 말끔하게 합의를 본 것 같지 않다. 하지만 적어도 20세기 전반을 대중의 시대로 정의하는 바에 대해서는 누구도 거센 이의를 제기하지 않았다.

 사회 변화의 속도가 점점 빨라지면서 역사가들의 시대 구분도 2세기에서 1세기, 나아가 반세기 단위로 더욱 세분화되고 있다. 그러나 20세기 전반을 대중 사회로 정의하는 것에 큰 무리가 없다면 대중 사회는 어떤 의미를 지니고 있는지에 대해 앞선 시대들의 정의와 관련해 잠시 살펴보고자 한다.

역사가들이 시대를 구분할 때 그토록 복잡다단한 백년 내지 반백년의 시간들을 어떤 잣대를 사용해 구분하며, 특정한 이름을 부여했는지를 생각해 보면 그 시대에서 가장 중요한 내용으로 간주된 요인이 무엇이었는지 알 수 있다. 그리하여 우리는 각 시대에 붙여진 이름들에서 역사가들이 어느 다른 속성보다도 권력을, 보다 자세하게는 누가 또는 어느 집단이 권력을 장악하고 있는지를 시대 규정의 직접적, 결정적 요소로 판단하고 있음을 알 수 있다.

그리하여 16~18세기에는 절대주의 군주들이 신분 질서에 입각하여 상비군과 관료들의 도움을 받아 전제적 권력을 행사했다. 19세기에는 부르주아들이 신분적 예속과 낡은 전통 및 오랜 관습으로부터 개인의 해방, 제약이 없는 자유라는 이념을 내걸고 시민혁명을 일으켜 권좌에 오른 뒤에 스스로 주인 노릇을 행한 시대를 만든 바 있다.

사정이 그러하다면 대중 사회라고 불리는 20세기에 대중들은 어떻게 지난 시대의 권력자들인 부르주아 계급들을 권좌에서 몰아내고 새로운 권력자로서 자신의 입지를 확보했을까. 대충 살펴보면 대중이 20세기의 실세라고 단정하는 세력은 부르주아와 가까운 지식인 엘리트들이었음을 알 수 있다. 하지만 엘리트들에게 실세로 인정받은 대중들의 등장은 지난 세기의 부르주아들과는 그 양상이 달랐다. 부르주아들은 절대왕권의 전제군주들을 국민의 행복에 결정적 장애가 되는 제거 대상의 존재로 규정하고, 이들을 처단함으로써 19세기를 자신들이 주인인 시대로 만들었다. 반면 20세기의 대중들은 압도적 다수라는 힘을 토대로 삼아 유혈 사태를 일으켜 앞 시대의 지배 세력이던 부르주아들을 제거하여 권력을 장악하지는 않았다.

다시 말해 대중들이 앞 시대의 권력 주체였던 부르주아들과 실재적인 힘을 겨루어 승리한 결과로서 새로운 권력자로 자리매김하지 않았단 말이다. 그럼에도 20세기 전반을 대중 사회라고 지칭할 수 있는지 또는 한 세력으로부터 다른 세력으로의 평화적인 권력 이전이 진정 가능할 수 있는지는 의문이다. 이는 비록 예외들이 있기는 하겠지만, 누구도, 어떤 집단도 때가 되면 자발적으로 권력을 다른 세력에게 넘기기 마련이라는 주장을 일반화할 수 없기 때문이다.

그렇다면 권력을 잡게 된 구체적 계기와 그 방법에 대해 이해할 만한 설명 없이 20세기의 주인은 대중일 수밖에 없다는 전제 하에서 대중 사회로 정의할 수 있는가. 또 그러한 정의를 비판적 검토 없이 받아들이고 있는 현실은 무엇인가 잘못됐다.

역사가들이 규정해 놓은 각 시대의 명칭을 조금만 생각해 보면 그 이름에는 긍정적 또는 부정적인 뉘앙스가 담겨 있음을 알 수 있다. 예컨대 절대주의라는 용어에는 절대왕권의 견제 없는 권력 행사와 극소수의 귀족 계급들만이 온갖 특권을 향유했던 잘못된 체제라는 부정적 의미가 담겨 있는 것처럼 느껴진다. 게다가 절대주의는 엄격한 신분 사회에 입각해 개인의 자유를 억압하므로 반드시 역사적 심판을 받아 소멸되어야 할 시대착오적인 사회체제라는 의미도 담겨 있다.

하지만 절대주의가 누구의 관점에서 볼 때 본질적으로 시대착오적 속성을 지녔으며 역사적 심판을 받아야 된다는 것인지를 생각해 보면 적어도 절대주의 체제에서 권력을 행사하고 혜택을 받았던 사람들에 의한 것은 아니라는 점은 확실하다. 그러므로 절대주의라는 용어에 담겨 있는 부정적 의미들은 절대왕조들을 제거한 뒤, 그 뒤를 이어 새로운 권력자가 된 19세기의 부르주아 시민 계급에 의해 만들어지고 확산되었다고 보아야 할 것이다.

이와 달리 19세기 자유주의라는 용어에는 모든 종류의 사회가 지향하고, 힘써 노력하여 함께 성취해야 할 이념이라는 긍정적 의미가 담겨 있는 것처럼 보인다. 적어도 부르주아 시민 계급의 자유주의를 받아들이고 옹호하는 사람들에게 자유주의 이념은 오

+ **영국 의회** 영국은 의회 민주주의 체제를 통해 경제적, 정치적 자유주의를 이룩했다.

늘날에도 여전히 절대선으로서 각인되어 있다.

하지만 자유주의 또는 의회 민주주의 체제를 정면으로 거부한 당시의 사회주의 사상가, 급진적 좌익 이론가들에게 이 말은 절대 선이나 인류 전체가 지향해야 할 이념은 결코 아니었다. 오히려 이들은 19세기 자유주의 체제를 단지 허울만 그럴 듯하며 거짓과 기만으로 분칠한, 철저히 비판받아 결국엔 필연적으로 소멸되어 버릴 수밖에 없는 사악한 체제로 파악하고 있었다. 그러므로 자유 주의 체제에 낡은 관습의 억압으로부터 해방된 인류가 지향해야 할 가치로 삼는 등의 긍정적 뉘앙스를 담아 놓은 주체들은 자유 주의 체제를 옹호하는 세력의 구성원들이었다. 그리고 이러한 이 념을 확대시키고 사람들에게 각인시키기 위에 힘쓴 것도 다름 아닌 부르주아들이 장악하고 있던 여론의 매체들로 생각해야 할 것이다.

그렇다면 이제 대중 사회라는 용어는 누가 만들어 사용했고 확산시켰으며 어떤 뉘앙스를 담아 놓았는지 알아 볼 필요가 있다. 오늘날 대중이라는 단어에서 쉽게 연상되는 속성들은 조잡하고, 부화뇌동하기 쉬우며, 엄청난 수의, 정체불명의 어중이떠중이에 불과하다는 부정적 성격들이 많다. 19세기 3/4 분기 이후 친부르주아 경향성을 드러낸 서구의 날카로운 사회 이론가들은 곧 대중의 시대가 찾아올 것으로 예상했다. 그리고 대중의 시대가 되었을 때 나타날 여러 사회현상들을 바람직한 미래 발전상의 관점에서가 아니라 주로 우려의 시각에서 폭넓게 분석하고 있었다.

필연적으로 도래할 대중의 시대에 대한 이들의 근심과 걱정은 장차 발생할 문제들을 예상하고 그 답을 준비함으로써 잿빛 미래를 조금 더 밝고 바람직한 장밋빛 미래로 만들어 가자는 노력의 일환은 아니었다. 오히려 부르주아 세계의 몰락이라는 역사의 흐름에서 친부르주아 성향의 자신들의 운명을 한탄하고, 절망감을 표현하는 과장된 포장에 가까웠던 것으로 판단된다. 그리하여 이들은 자신들이 만들어 낸 대중이라는 단어에 긍정적, 진보적 뉘앙스와 거리가 먼 퇴행적 의미를 담아 놓았다.

20세기 전반부를 역사적으로 자리매김하는 작업은 사실 19세기 말 예언자적 사회 이론가들의 몫이 아니라 20세기 후반 또는 21세기의 역사가들이 반드시 해야 마땅할 일이다. 헤겔의 말을 빌리자면 미네르바의 부엉이가 황혼녘에 날기 시작하듯 다음 세기의 역사가들이 지난 세기를 정의하는 것이 예언하는 것보다 좀 더 실수할 위험이 적다. 그런데 지난 20세기에 중요하다고 인정받은 핵심 권력 체제들은 모두 19세기 자유주의 체제의 소산이었다. 일반적으로 20세기 내내 아니 21세기 오늘날조차 국가 및 사회 제반, 경제체제와 그 기본적 작동 방식들은 19세기 부르주아들이 정초定礎한 자유주의 체제와 그 운용 방식에서 다른 방향으로는 몇 발짝도 나아간 것 같지 않다.

자유주의 이념에 뿌리를 두고 운영된 20세기의 여러 제도들을 음미해 보면 국민 전체가 주인이라는 공식적인 언명과 달리 부르주아 세력들이 요지부동한 권력의 실세임을 알 수 있다. 권력은 절대다수의 국민 그러니까 대중으로부터 나온다고 아무리 외쳐 봐도 20세기 권력의 운용 방식이 19세기 부르주아의 이념에 입각한 제도들에 토대를 두고 있기 때문에 부르주아가 변함없이 권력을 장악했던 것이다. 그런즉 21세기의 역사가들이 지난 20세기를 대중 사회로 정의한다고 해도 현재까지는 그 말에 긍정적 의미를

✦ 제2차 세계대전 당시 나가사키에 원자폭탄이 투하된 모습

가두 행진을 하는 히틀러의 모습

담아 넣기는 쉽지 않을 것이다.

더욱이 20세기에 발생했던 여러 비극적 사건들을 보더라도 지난 세기가 인류의 발전이나 진보에 주목할 만한 기여를 했다는 인상은 뚜렷하지 않다. 우리들은 자연과학, 의학, 기술 분야에서의 발전을 제외한 권력과 관련된 20세기 전반의 역사적 사건들을 인류 초유의 처참한 결과를 초래한 참극들로 생각한다. 두 번에 걸친 세계대전은 서구 문명을 크게 파괴했으며 대규모 희생을 초래했다. 그 가운데서도 히틀러의 유대인 학살 및 소비에트 러시아 정권이 뿌리내리는 과정에서 반공산주의 혁명분자들에 대해 가해졌던 대규모 참살은 인간이란 진정 어떤 존재인가를 되돌아보게 만든 인류의 대재앙이었다. 대중들은 이러한 참극을 가능케 한 절대 권력을 무지몽매한 상태에서 또는 자발적으로 새로운 지도자에게 넘겼다. 그 결과 발생한 대재앙의 희생자들 대부분은 아이러니하게도 20세기의 새로운 주인이라는 대중들이었다.

20세기 전반부에 대중들은 앞 시대의 지배자들인 부르주아들을 처단하고 권력 무대의 전면에 나서는 대신 자신들이 대규모 참극의 희생자가 되었던 것이다. 20세기의 새로운 권력자로 인정받은 대중들이 경쟁 관계에 있는 부르주아 적대 세력을 희생시키지 않고, 왜 스스로가 엄청난 규모의 희생을 당했는지 의아하다.

✤ 히틀러 독재의 종식 후 강제수용소에서 발견된 시체 더미

이러한 의문에 대하여 몇 가지 답변이 가능할 수 있다.

첫째는 20세기는 비록 대중의 시대라고 부를지언정 사실상 대중이 주인이 아니라는 답이다. 대중이 진정한 주인 의식을 가지고, 자신들의 시대를 어떻게 꾸려 나갈지에 대해 숙고했다면 부르주아 제도들과는 다른 대중의 시대를 위한 새로운 제도들을 창출했을 것이다. 이러한 작업들이 대중들의 주도하에 순조롭게 진행되어 실제적으로 운영되었다면 대중의 엄청난 희생을 초래한 역사적 비극들은 적어도 반복되지 않았을 것이다.

둘째는 대중이 20세기의 권력을 실제로 장악했지만 권력 행사의 경험이 부족하여 스스로에게 치유하기 힘들 정도의 깊은 상처를 남겼다는 것이다. 19세기 부르주아들은 혁명을 일으켜 절대왕권을 처단했지만 그럼에도 절대주의 시대 특권층의 삶의 양식을 여러 분야에서 모방했다. 그럼으로써 자신들이 새로운 특권 신분임을 인정받고자 노력했다. 20세기 대중들도 부르주아들의 자유주의 이념에 입각한 효율 중심의 권력 체제에 매몰되어 그를 모방했다. 그러나 어리석게도 자신이 누구인지를 잊고 자신을 부르주아 계급과 동일시하는 환상과 착각에 빠져 엄청난 수의 동료들을 무참히 제거하는 일에 적극 동참하는 등의 과오를 저질렀다.

20세기 부르주아들은 공식적으로는 앞 시대만큼의 영향력을 행사하지 못하는 것처럼 보였다. 하지만 이들은 내심 20세기가 대중의 시대이기는커녕 변함없이 자신들이 주도하는 시대라고 확신하고 있었다. 최소한 자신들을 제외하고는 20세기의 주류를 형성할 집단이 없다고 굳게 믿고 있었다. 이는 '부자가 망해도 3대는 간다'라는 속담처럼 19세기 부르주아들의 역사적 성과가 워낙 찬란한 것처럼 보였기 때문이었다.

우리가 알고 있는 19세기 부르주아의 업적은 절대주의 왕조들의 업적과 비교할 때 조금도 부족하지 않다. 게다가 절대주의 군주들의 업적이 부정적 뉘앙스를 담고 있는 것에 비해 부르주아의 역사적 성취들은 긍정적 뉘앙스를 지니고 있다. 부르주아의 역사적 성취들과 비교할 때, 20세기 대중들의 노력은 전혀 언급될 가치가 없는 정도이거나 또는 결코 재발되어서는 아니 될 부정적 결과만을 산출한 것으로 평가된다.

부르주아들이 이룩한 여러 역사적 업적들은 부르주아 세력의 응집된 힘의 소산으로 판단된다. 물론 부르주아들도 절대주의 시대 극소수 특권 계급들에 비하면 불분명하고 애매한 집단이었다. 하지만 부르주아에 비하면 대중들은 더더욱 누가 주체이며 그 본질이 무엇인지를 종잡을 수 없는 잡동사니 무리로 인식되었다. 그런즉 부르주아의 시각에서 볼 때 대중들의 힘은 분산되어 응집력을 가질 수 없는 것처럼 보였다.

20세기 대중들 스스로가 중심 또는 주체가 되어 시도한 다양한 양태의 노력들은 필연적으로 주목받을 수준의 성과를 내기 어려웠으며 겨우 변죽만 울리는 결과가 대부분이었다. 한편 공들인 여러 노력들이 신통치 않은 결과만을 산출하자 대중들은 자신감을 잃고 스스로를 비하했다. 이 기회를 틈타 부르주아들은 새로운 주인으로서 대중들의 한계를 지적하면서 대중들에게는 부르주아의 조언과 지도가 반드시 필요하다고 주장할 수 있었다.

막후 조정자로서 부르주아의 역할은 업적과 능률 지상주의를 내세우는 신자유주의가 자리매김을 하게 되자 전면에 부각되었다. 부르주아들은 대중 사회의 원활한 작동을 위한 단순한 지도, 조언의 역할 수행이 아니라 막강한 영향력을 행사할 수 있는 지도자로서 공공연하게 권좌 주위를 점거하고 있다.

20세기 내내 아니 21세기 초인 오늘날에도 여러 제도들에 대한 전문 지식과 사회 운영의 폭넓은 경험은 대중에게 속한 것이 아니라 부르주아의 몫으로 여겨지고 있다. 의회 민주주의 체제로 구체화된 자유주의는 본질적으로 다수가 아닌 다수의 대표들이 합의에 토대를 두고 국가와 사회를 이끌어 나가는 체제이다. 이러한 체제가 용인되는 것은 효율성의 원리에 적합하기 때문이다. 따라서 대단한 성과나 업적을 내기 힘든 대중들이 효율성의 원칙에 집착하는 한은 그들이 아무리 다수이고 참정권을 행사하여 권력을 창출하는 주체라고 해도 고수 부르주아에게 한 수 배우는 일을 접지는 못할 것이다.

결국 커다란 관계의 그물망 속에서 자신이 누구인지, 자신의 위치가 어디에 있는지를 옳게 파악하지 못한다면 20세기에 이어 21세기에도 대중들은 역사의 실제 주인이라 할지라도 올곧은 주인 노릇을 할 수 없을 것이다. 또한 어떤 이유에서든 다수가 소수의 지배를 받게 되는 현실은 피해 갈 수 없을 것 같다. 요컨대 소수가 다수의 운명을 결정하고, 그에 따라 절대 다수가 엄청난 희생을 당하고 피해를 보는 일은 언제고 반복될 수 있다.

대중이 해결해야 할 과제는 자신들을 위해 무엇을 할 것인가? 라는 문제 제기와 그 해답을 찾기 위한 꾸준한 노력과 실천이다. 올바른 문제의 설정과 올바른 답을 찾기 위한 노력, 나아가 문제 해결을 위한 실천이 얼마나 힘들고 얼마나 오래 지속되어야 할 과업인지는 당사자에게 달려 있다고 봐야 할 것이다.

아프리카와 아랍 세계

0 0 0 0 0 0 0 0 0

이스라엘과 팔레스타인의 평화를 중재하던 사다트(이집트 3대 대통령)가 국가 기념일 퍼레이드 도중 암살당했다. 그러자 당시 공군 참모총장이었던 무바라크는 불안정한 국가 상황을 이용해 비상사태를 선포하고 1981년부터 2011년 2월까지 30년 넘게 독재정치를 펼쳤다. 아들에게 정권을 넘겨 북한처럼 권력 세습을 계획했던 무바라크는 국민들의 퇴진 요구와 지금껏 그를 지지했던 미국의 외면으로 2011년 2월, 마침내 권좌에서 물러났다.

무라바크는 30년 동안 권좌에 앉아 저지른 부정, 부패에 대한

+ 국민들의 퇴진 요구에 이집트를 떠나는 무바라크를 풍자한 그림

조사가 진행 중일 무렵에 스위스 은행이 그의 비밀계좌 동결을 선언하면서 무일푼의 늙은 국제 망명객으로 전락했다. 장기간의 독재에 염증을 느낀 이집트 국민들의 시위와 그 성공은 주변 나라들로 번져 나갔다. 이후 튀니지, 리비아, 알제리, 사우디아라비아, 예멘, 요르단 등에서도 장기 집권에 반대하는 민주화 요구가 요원의 불꽃처럼 번졌다. 그 가운데 리비아의 국가원수인 카다피는 국민들의 민주화 요구에 이들을 '쥐새끼'라고 부르며 전투기 폭격으로 응답하였고 시위대를 대량 학살했다. 주권을 가진 리비아 국민들

✦ 카다피의 퇴진을 요구하는 시위 모습

에게 국민의 생명과 재산을 지켜야 할 의무가 있는 군대가 포탄과 실탄 사격을 감행하여 천여 명 이상의 국민을 죽인 행위는 그 무엇으로도 정당화할 수 없는 언어도단의 난행일 뿐이다.

이러한 아프리카, 아랍 지역 국가들의 민주화 요구 시위는 주로 장기 집권으로 인한 정치적 부정부패가 직접적인 원인이다. 하지만 조금 더 생각해 보면 관련 지역의 빵값 급등과 긴밀한 관련이 있다. 앞서 언급한 지역 국민들의 소득 수준은 비교적 낮은 편이다. 그래서 주식은 대부분 밀가루를 이용한 단순한 빵이다. 채

소나 과일 그리고 육류는 넉넉한 사람들의 식탁에는 자주 오를지 모르지만 대다수 가난한 서민들의 식탁에는 잔칫날과 같은 예외적인 저녁 식사에나 오를 뿐이다.

그런데 지난 2010년 지구온난화의 영향으로 세계 주요 곡물 생산국의 생산량이 크게 줄어들었다. 이에 러시아는 곡물 수출량을 대폭 줄이는 사태가 발생했다. 아르헨티나, 오스트레일리아, 중국, 캐나다, 미국도 극심한 가뭄으로 외국으로 내다 팔 곡물을 넉넉하게 생산하지 못했다. 그 결과 식량을 자급자족할 수 없는 나라들의 가난한 서민들은 당장 먹을 것을 걱정할 수밖에 없는 난감한 처지에 놓였다. 박광현 감독의 영화 〈웰컴 투 동막골〉에서 국군 장교가 주민들이 촌장의 말을 잘 따르는 것을 보고, 어떻게 그런 일이 가능하냐고 묻자 '잘 먹여야 되지'라는 촌장의 대답은 동서고금을 막론하고 모든 지도자들의 금과옥조가 아닐 수 없다.

우리나라의 경우에는 어떨까. 우리나라 서민들에게는 거의 주식처럼 여겨지는 라면과 빵 그리고 짜장면의 재료인 밀의 국내 공급 분량은 2011년 기준 1%에 불과하다. 또한 가축의 사료로 충당되는 옥수수와 식용유와 두부의 주된 재료로 사용되는 콩의 국내 공급 분량도 6% 미만에 불과하다. 그러니 우리나라의 식량 공급 사정도 매우 불안한 편이다. 또한 지금 우리나라는 원유 생산국인 리비아의 정세 불안으로 인한 원유 가격 상승, 수입 원자재 가격의 급등으로 인해 생필품 물가 상승 등 경제적 난국을 경험하고 있다.

얼핏 보면 머나먼 아프리카, 아랍 지역의 정세 불안은 우리나라와 별 관련이 없는 듯 보이지만 전혀 그럴 수 없는 것이 국제화 시대의 현실이다. 나 혼자만의 삶이 가능한 것은 관계 속에서 내가 존재하기 때문이다. 그리고 이 사실은 개인에게 뿐만 아니라 국가 사이에서도 마찬가지다. 애석하게도 관계를 무시하고 자기 멋대로의 삶을 누릴 권리는 세 살 미만의 어린 아기들에게만 있는 것 같다.

다시 돌아가 이 지역의 독재 정권들은 어떻게 장기 집권할 수 있었는지 궁금하지 않을 수 없다. 가장 먼저 짐작할 수 있는 바는 이들 국가 모두에게 과거 민주화의 경험이 없었다는 점이다. 서구의 경우 시민 사회가 내부 근대화를 통해 지배자를 견제하는 형식의 민주공화국이라는 체제를 확립시킨 것과 달리 이 지역 국가들은 서구 제국주의 국가들의 오랜 지배를 받으며 왕국에 버금가는 체제를 지속적으로 유지할 수 있었다.

서구 제국주의 국가들은 자신들이 지배하였던 식민지 국가들을 근대화시키는 대신 자신들의 지배를 편하게 만드는 왕조 체제

내지 독재 정권의 수립과 지
속을 도왔다. 그리하여 이들
국가의 지배층은 자국민들의
이익을 최우선으로 삼는 것
이 아니라 자기의 권력을 유
지시켜 주는 제국주의 국가
의 이익을 염두에 두고 정책

✦ 리비아의 원수 카다피와 독일 총리 메르켈의 관계를
풍자한 그림

을 펼쳤다. 만일 이러한 관행을 무시하는 새 지도자가 나타나면
제국주의 국가들의 교활한 후예들이 내정에 개입하여 사태를 혼
란으로 이끌었다. 그리고는 자기의 입맛에 맞는 다른 지도자를 다
시 권좌에 올렸던 것이다.

제국주의 식민국의 입맛에 맞아 장기 집권이 가능했던 이들 지
역 국가의 지도자들은 어리석게도 자신이 곧 국가와 민족을 대표
하는 위대한 지도자라고 착각하며 끊임없이 변화하는 대세의 흐
름을 가로막고 있었던 것이다. 지금껏 이들 나라들은 슬픈 식민지
시대의 유산을 올바로 극복하지 못하고 있었다. 하지만 새로운 소
통 관계의 확산은 이러한 모순을 더 이상 용납하지 않게 되었다.

21세기 신개념의 소통 수단인 인터넷이나 트위터, 페이스북과
같은 SNS는 전 세계를 실시간으로 연결하고 있다. 과거에는 라

디오나 신문, TV가 새로운 소식을 알려 주는 대표 매체였지만 지금은 SNS에게 그 자리를 내주었다. 과거 매체들은 정치권력의 감시, 검열을 받아 조작된 소식을 알려 주는 기능을 충실히 수행했다. 그러나 오늘날의 여러 매체들은 아무런 여과 없이 생생한 소식들을 있는 그대로 보여 주고 전달한다. 새로운 상황을 바라보는 시각에 낡은 방식의 권력이 개입할 기회 자체를 줄이고 있는 것이다.

오래된 집권층이 낡은 관계 속에서 권력을 행사할 수 있었다면, 오늘날에는 새로운 관계 속에서 새로운 권력 관계가 형성되고 있다. 그러한 예가 바로 아프리카와 아랍 세계의 민주화 운동을 통해 드러난 것이다. 새로운 관계, 특히 권력 관계가 수립되는 과정에서 힘없는 사람들의 희생은 불가피하다. 그러니 내부의 변화 동력을 키우는 것은 개인에게나 국가에게나 나름대로의 독자적인 삶을 살아가는 데 중요한 훈련이 아닐 수 없다.

✦ 소셜 네트워크는 새로운 대중매체의 역할을 하고 있다.

02

일상 속에
스며든
서양의 문화

베토벤 · 바그너 · 비틀즈
합창 · 콘서트 홀 · 렘브란트
뒤러 · 인상파 · 축구 · 골프
와인 · 치즈 · 카페 · 휴대전화
신용카드 · 웃음 · 여행

01

베토벤

위인과 괴짜 사이

BEETHOVEN

"이 젊은이를 눈여겨보라.
이 젊은이가 머지않아 세상을 향해 천둥을 울릴 날이 있을 것이다."

베토벤의 즉흥곡을 들은 모차르트

음악의 성인, 베토벤

○○○○○○○○○

서양 고전음악의 세계에는 '3B'로 알려진 유명한 음악가들이 있다. 바흐Bach, 브람스Brahms, 루드비히 반 베토벤Ludwig van Beethoven이 바로 그들이다. 바흐는 서양 고전음악의 아버지로 불리며 오늘날에도 전 세계 많은 음악가들과 대중들에게 큰 사랑과 존경을 받고 있다. 슈만의 아내 클라라를 평생 사모했던 사랑의 헌신자 브람스는 그 짝사랑의 감정을 서양 고전음악의 전통 양식 속에 녹여내며 위대한 음악가의 반열에 올랐다. 그리고 베토벤은 악성樂聖, 즉 '음악의 성인聖人'으로서 존경받고 있다.

베토벤은 집안이 네덜란드에 뿌리를 두고 있어 'van'이라는 이름을 얻기는 했지만 독일 본에서 태어났고 젊은 시절에는 오스트리아 빈에서 음악을 공부했다. 그는 20대 중반 이후 귀에서 소리가 나는 질병인 이명으로 평생 고통을 받았다. 이명은 나이가 들수록 더욱 심해져 결국 청력을 잃기에 이른다. 그런데 오히려 베토벤은 청력을 잃은 후에 더욱 독창적이고 위대한 음악들을 창작해 냈고, 이로써 서양음악계뿐 아니라 전 세계인의 사랑과 존경을 받게 되었다.

조막손의 장애를 떨치고 꿈을 이룬 메이저리그의 투수나, 의족

◆ 베토벤

을 끼고 경기 트랙에 선 육상 선수는 사람들에게 감동을 주고 인간 승리의 모델이 되기 마련이다. 그런데 베토벤은 청력을 잃고도 불세출의 위대한 음악가가 되었으니, 음악 분야를 뛰어넘어 많은 사람들에게 존경을 받고 있는 것이다.

운명에 도전한 음악가
ooooooooo

신의 사랑을 받고 태어난 모차르트 못지않게 베토벤 역시 음악의 천재였지만 이 사실은 널리 알려져 있지 않다. 연주회 포스터에 나이를 속여 6세로 써 놓았다는 주장도 있으나 베토벤도 불과 7세에 첫 공개 연주를 성공적으로 마쳤고 13세에 건반악기 변주곡을 작곡하여 천재적 음악 재능을 인정받은 바 있다.

유년 시절 아버지에게 음악을 처음 배운 베토벤은 10대 후반 교향곡의 아버지라 불리는 하이든에게 대위법을 교육받았고, 모차르트로 인해 열등감에 시달렸던 살리에리에게 이탈리아 형식의 성악 작곡을 배웠다. 이후 베토벤은 사망한 모차르트의 후계자로 인정을 받기에 이른다.

베토벤은 20대 초반에 바흐의 《평균율 클라비어 곡집》의 전주

+ 피아노 소나타 30번(Op. 109)의 자필 악보

곡과 푸가를 연주하는 피아니스트로 유명했고, 30대 초반에는 현악 4중주 작품들과 함께 교향곡 1번과 2번을 작곡했다. 또한 베토벤은 피아노의 신약성경이라고 불리는 32곡의 위대한 소나타를 작곡했을 뿐더러 무척이나 유명한 〈교향곡 제5번 '운명'〉과 〈교향곡 제6번 '전원'〉, 환희의 송가로 널리 알려진 걸작 〈교향곡 제9번 '합창'〉을 귀가 먼 상태에서 세상에 내놓았다. 유럽연합EU은 〈교향곡 제9번 '합창'〉을 유럽 통합의 상징 음악으로 사용한 바 있다. 베토벤은 훌륭한 제자도 양성했는데, 그는 바로 피아노 교본의 작곡가로 유명한 체르니이다.

모차르트가 작곡한 곡들의 악보 원본에는 수정한 흔적이 거의 없지만 베토벤은 알아보기 힘들 정도로 악보를 여러 번 수정하며 위대한 작품들을 창작했다. 좌절하지 않고 꾸준히 노력하는 베토벤의 삶에서 사람들은 위대한 인간의 모습을 찾았다.

베토벤에 관한 낭설과 진실

○○○○○○○○○

　베토벤의 초상화를 보면 고통을 참아내며 힘들게 살았던, 고집스럽고 외로운 사람의 느낌이 든다. 그러나 베토벤은 살아 있는 동안 이미 세상으로부터 인정받은 위대한 음악가였다. 그는 1827년 57세의 나이로 사망했는데, 장례식에는 슈베르트, 후멜 등 유명 음악가들을 포함해 2만여 명의 조문객들이 모여들었다고 한다.

　베토벤이 자신의 삶과 음악에 대해 생각했던 것들은 다른 음악

TALK ON

베토벤의 아버지는 혹독했나?

베토벤에 관해 아버지와의 일화는 빼놓을 수 없다. 모차르트에 뒤지지 않는 음악 신동으로 키우기 위해 베토벤을 4세 때부터 클라브생 앞에만 앉혀 놓았다는 이야기, 신동임을 내세우려고 나이를 속여 첫 공개 연주회에 내보냈다는 이야기, 베토벤의 연주로 돈을 벌기 위해 더 혹독하게 연습시켰다는 이야기, 지독한 주정뱅이라 술을 마시는 데 가산을 탕진했다는 이야기 등이 널리 알려져 있다.

이러한 일화들이 확실한 증거로 입증되지는 않았다. 그러나 그만큼 사람들이 베토벤의 음악뿐 아니라 그의 삶에도 주목하고 있다는 것을 보여 준다.

가들에 비해 잘 알려져 있는 편이다. 그 이유는 그가 40대 후반 귀가 더욱 나빠진 후에 주변 사람들과 의사소통을 할 때 메모장을 이용했기 때문이다. 여기에는 그가 음악과 예술에 대해 지인들과 나눴던 필담이 기록되어 있었다. 베토벤의 메모장은 400권 이상 남아 있었으나 베토벤이 사망한 이후 유품을 정리한 안톤 쉰들러에 의해 현재 140권 정도만 전해진다. 쉰들러가 베토벤의 이미지에 나쁜 영향을 미칠 내용들을 없앴기 때문인데 현재 남아 있는 내용들도 그에 의해 일부 수정되었다고 알려져 있다. 그런즉 우리가 지금 베토벤에 대해 갖고 있는 인상은 어느 정도 만들어진 것일 수 있다.

하지만 그의 음악 세계의 위대함은 전혀 그렇지 않다. 베토벤은 서양 고전음악의 엄격한 형식을 중시하면서도 인간의 자연스러운 감정을 음악으로 표현했다. 또한 고전주의 전통을 계승한 동시에 낭만주의라는 새로운 양식의 토대를 쌓았다. 이러한 음악적 공헌이 매우 크기에, 베토벤이 위대한 음악가라는 평가에 누구도 이의를 제기하지 않는다.

❖ 1827년 3월 29일에 거행된 베토벤의 장례식에는 약 2만 명의 빈 시민이 모여 그의 죽음을 추모했다.

우리는 왜 베토벤에 열광하는가?

○○○○○○○○○

오늘날 우리는 국민의 세금으로 운영되는 클래식 전문 라디오 방송에서 거의 매일 베토벤의 음악을 들을 수 있다. 300년 전 독일에서 태어난 음악가의 작품이 21세기 우리나라 공영방송에서 국악을 밀어내고 매일 우리의 귀에 찾아드는 것이 엄연한 현실이다. 사실 우리나라 음악 전문 방송에서 국악이 차지하는 비중은 너무도 낮다. 현재 방송되는 국악 프로그램도 청취자들의 요구에 따른 것이라기보다는 정책적으로 우리 음악을 살려야 한다는 당위 때문에 편성된 것이다. 우리나라뿐 아니라 섬나라 일본과 대륙 중국에서도, 심지어 폐쇄적인 북한에서도 서양 고전음악은 자국의 전통음악보다 더 많이 연주되며 높은 대우를 받고 있다. 무엇 때문에 이러한 주객전도 현상이 나타나는 것일까?

많은 사람들은 있는 척, 아는 척하기 위해서가 아니라 단지 듣기에 좋기 때문에 서양 고전음악을 찾는다. 이것은 자국의 음악을 좋아해야만 한다는 당위 때문에 우리 전통음악을 일부러 찾아 듣는 것과는 다르다.

우리는 듣기 좋은 소리를 다시 들어 보려는 경향이 있다. 하지만 듣기에 좋지 않았던 소리를 다시 찾아 듣는 경우는 드물다. 이렇게 볼 때 서양 고전음악 그리고 그 가운데 우리가 자주 듣는 베토벤의 음악은 우리 귀에 아름다움을 전해 주는 힘이 다른 어떤

베토벤의 죽음에 관하여

1827년, 스승을 따라 베토벤의 병상을 찾은 페르디난트 힐러는 그의 머리카락 한 줌을 잘라 보관한다. 이것은 2000년이 되어 베토벤의 사인(死因)을 밝히는 데에 중요한 역할을 한다.

베토벤의 죽음은 바로 납 중독 때문이었다. 이에 독살설 등 여러 억측이 나돌았으나 주된 원인 중 하나로 '유리 하모니카(glass harmonika)'가 지목되었다. 당시 유리 하모니카에는 납이 함유되었는데, 베토벤이 손으로 이것을 연주함으로써 납에 노출되었다는 것이다. 다만 당시에는 많은 일상용품에도 납이 함유되어 있어 유리 하모니카만을 그 원인으로 지목하기는 어렵다.

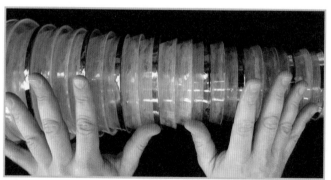

유리 하모니카

0
2
일상 속에 스며든 서양의 문화

서양음악들보다 강력한 셈이다. 많이 듣고 알고 이해하게 되면 우리 음악도 좋다고 하지만 똑같이 많이 듣고 알게 되었을 때 서양 고전음악이 더 좋을 수 있으니 그것이 문제다.

우리가 일본 제국주의의 지배를 받으며 독립국가를 꿈꾸었던 20세기 전반, 백범 김구 선생은 '우리가 진정으로 원하는 바는 힘이 강하고 부유한 국가가 되는 것이 아니라 문화 수준이 높은 나라가 되는 것'이라고 말한 바 있다. 진정 문화의 힘이란 그 어느 강제력 못지 않게 사람들의 마음을 휘어잡는 능력이 강하고 무시무시한 것이다.

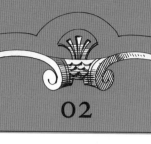

02

바그너

히틀러가 좋아한 음악가

WAGNER

"바그너 음악을 이해하지 못하면 국가사회주의도 이해하지 못하지."

영화 〈작전명 발키리〉에서 히틀러 대사

결혼행진곡의 작곡가

○○○○○○○○○

결혼식의 꽃은 아무래도 신부가 친정아버지와 팔짱을 끼고 결혼식장에 들어서는 순간이다. 바로 그 순간 우리는 흔히 결혼행진곡을 듣는다. 가끔은 멘델스존의 작품 〈한여름 밤의 꿈 A Midsummer Night's Dream〉 속의 〈결혼행진곡〉이 연주되지만, 우리에게 더 익숙한 곡은 리하르트 바그너Richard Wagner의 작품 〈로엔그린Lohengrin〉 속의 〈혼례의 합창〉이다.

우리가 아는 바그너는 그저 그만한 서양음악가일뿐, 그의 음악은 고전음악 전문 방송에서 자주 들리지 않는다. 바그너는 서양음악가의 계보 가운데 위대한 음악가로 간주되는 편이 아니기 때문이다. 바흐와 모차르트, 베토벤은 위대한 음악가로 인정받고 있지만 바그너는 슈베르트, 슈만, 리스트, 브람스, 푸치니, 베르디 등의 내로라하는 음악가들 가운데 한 사람으로 평가된다.

그러나 바그너를 열렬히 추종하는 바그네리안wagnerian들은 바그너를 불세출의 천재 음악가로 확신한다. 바그네리안들은 바그너가 자신만의 악극들을 통하여 과거 서양 고전음악의 한계를 뛰어넘고 현대음악의 세계를 펼쳤다고 주장한다.

+ 바이로이트 축제극장

오른손에는 시를, 왼손에는 음악을

●●●●●●●●●

바그너가 총체예술의 전형으로 삼은 악극樂劇은 18세기 이래 유럽 음악계에서 익숙해진 이탈리아 형식의 오페라와 달랐다. 바그너는 이러한 고전 오페라들을 달콤한 대사나 선율을 이용해 관객들의 귀를 쉽사리 즐겁게 만드는 저급한 예술 작품이라고 비판했다. 또한 순수 음악은 고리타분할 뿐이어서 인간의 영혼을 자극해 생명력을 꿈틀거리게 만들지 못한다고 강변했다. 그래서 바그너는 자신이 직접 대사를 쓰고, 무대 배경과 시설, 모든 노래들과 오케스트라 반주까지 만든 악극만이 새로운 총체예술의 전형이라고 주장했다.

바그너는 총체예술을 위한 성전聖殿으로 독일 바이로이트에 축제극장Richard Wagner Festspielhaus을 만들었다. 오직 바그너의 악극만을 공연하는 바이로이트 축제극장은 바그네리안으로 둘째가라면 섭섭해할 바이에른 군주 루트비히 2세의 도움을 받아 세워졌다.

오늘날에도 전 세계 바그네리안들은 신앙인들이 성지순례하듯 바이로이트로 찾아온다. 1년에 딱 한 달간, 오직 바그너의 악극들로만 진행되는 바이로이트 축제극장의 입장권을 구하는 일은 힘

✤ 1876년 바이로이트 축제극장에서 바그너의 악극을 감상하고 있는 사람들

든 일이다. 실제로 세계 여러 나라의 사람들이 바이로이트 축제에 단 한 번이라도 참가하려고 오랜 시간 정성을 들여 표를 구한다.

바이로이트 축제극장은 객석 규모가 크지 않고 나무 좌석이라 불편한데다 한 작품당 공연이 4시간 이상 지속되기 때문에 악극을 보려고 학수고대하는 사람들이 조금은 신기하게 느껴진다. 그럼에도 어떤 불편이라도 감수하며 바이로이트에서 꼭 바그너의 악극을 보고자 하는 사람들은 길게 줄을 서고 있다.

시대의 흐름을 악극에 녹이다

음악가로서 바그너의 위대함과 천재성은 어느 정도 인정받기도 한다. 12음계의 사용으로 독창적 화성을 만든 솜씨는 말러를 비롯하여 사티 등 여러 음악가에게 새로운 영감을 주었다. 또한 바그너는 북구 게르만족의 신화와 영웅담을 염두에 두고 악극의 대사를 직접 썼으며, 무대 장치와 반주 오케스트라의 좌석을 무대 아래로 옮겨 관객들이 오직 무대 위의 악극에 집중하게 만들었다.

그러나 이러한 사실과 달리 바그네리안들이 바그너에 열광하는 이유는 음악적인 차원뿐만은 아니다. 민족주의 또는 조금 심

＊ 독일에서 발행된 오페라 〈뉘른베르크의 명가수〉 100주
년 기념 우표

하게는 인종주의를 내세워
게르만 민족의 자긍심을
키우는 데 있어 바그너가
이룩한 업적에 있다. 즉 바
그너는 19세기 말 독일 사
회의 흐름을 읽고 이를 악

극에 녹여내는 데 탁월했다. 〈뉘른베르크의 명가수Meistersinger von
Nuernberg〉는 이러한 점에서 좋은 예가 된다.

이 작품은 16세기 독일 뉘른베르크에서 열린 노래 경연대회 이
야기이다. 1막에는 노래 대회 우승자를 어떤 방식으로 결정할 것
인지에 대한 논의 장면이 있다. 노래 분야에서 장인의 자격을 갖
춘 선배 '노래 장인'들은 자신들이 최고 점수를 준 참가자가 우승
한다는 과거 전통을 주장한다.

그러나 주인공 한스는 과거의 방식을 버리고 대중의 평가를 심
사 기준으로 삼자고 주장한다. 노래 장인들은 안목 없는 대중의
평가를 인정하는 것은 말이 안 된다며 한스의 제안을 일축하지만
결국 이들도 동의한다. 이 작품은 노래가 소수 전문가들의 전유물
에서 일반 대중의 문화로 변하는 과정을 상징적으로 보여 준다.

〈뉘른베르크의 명가수〉에서 바그너는 명인Meister이 되기 전에

반드시 훌륭한 가수와 시인이 되어야 한다고 주장한다. 노래 부르는 실력만이 중요한 것이 아니라 의미 있는 가사를 쓰고 전달하는 소양을 갖추어야 진정한 명인 가수라는 말이다.

바그너는 그의 악극에 시대의 흐름뿐만이 아니라 독일 문화의

바그너의 사랑

바그너의 작품은 사랑 이야기로 가득하다. 〈탄호이저(Tannhäuser)〉, 〈트리스탄과 이졸데(Tristan und Isolde)〉 등이 그것이다. 바그너는 조강지처인 민나 플라너를 버리고 베젠동크와 이루어질 수 없는 사랑에 빠졌다. 이를 창작의 영감으로 삼아 탄생한 것이 〈트리스탄과 이졸데〉이다. 1865년, 공연은 뮌헨 왕립극장에서 대성공을 거두었고, 이 무렵 바그너는 24살이나 어린 코지마와 또다시 사랑에 빠졌다. 그녀는 프란츠 리스트의 딸로, 리스트는 딸이 바그너를 만나는 것을 못마땅하게 생각했으나 두 사람은 아랑곳하지 않았다고 한다.

바그너와 코지마

바그너의 여성 편력은 작곡가의 인생에서 창작의 열정을 끊임없이 불태우는 요인으로 작용했다.

오랜 전통인 교양Bildung과 새로운 시대의 대중성을 조화롭게 녹여냈다. 새로운 사회 즉 대중을 도외시할 수 없는 사회가 도래했음을 인정하면서도 전통의 무거움을 벗어 던지지 않으려는 통합의 지혜를 자신의 악극에서 펼쳤다. 이런 바그너였기에 19세기 말 대중들은 그에게 환호했고, 독일의 전통 교양시민층 역시 환호했다.

우리나라에서도 MBC TV 〈나는 가수다〉라는 프로그램이 대중의 인기를 끈 바 있다. 획일화된 아이돌 그룹들에 식상함을 느낀 대중에게 새로움을 제공하겠다는 제작진의 의도가 담겨 있었다. 이미 가수로서 입지를 갖춘 유명 가수들이 일반인들에게 평가를 받는 모습은 TV를 시청하는 대중들에게 신선함을 주기에 충분했다.

두 얼굴의 음악

법고창신法古創新, 온고이지신溫故而知新이라는 고사성어가 있다. 두 말의 의미는 비슷한데 옛것을 잘 본받아야 새로운 것을 창조할 수 있다는 뜻이다. 조금 넓게 의미를 부여한다면 과거에 뿌리

히틀러가 바그너를 좋아한 이유

히틀러는 바그너에게 열광했다. 바그너의 악극은 게르만 민족 영웅들을 무대 위에 올려 우월함을 표현했고, 이는 게르만 민족정신을 부활시키는 데 탁월했기 때문이다.

오페라 〈로엔그린〉을 관람한 후 더욱 심취한 히틀러는 바그너의 음악을 철저하게 이용하기 시작했다. 나치의 집회 때 〈뉘른베르크의 명가수〉 서곡으로 문을 열었으며, 〈지그프리트 목가〉를 제2당가로 사용했고, 가두행진을 할 때에도 〈순례자의 합창〉을 틀었다. 뿐만 아니라 유대인이 독가스를 마시고 죽어 가는 순간에도 바그너의 음악을 틀었다고 한다.

를 튼튼히 내리지 않고는 미래의 창조가 불가능하다는 가르침을 담고 있다.

이러한 가르침을 잘 실천한 사람이 바그너인 것 같다. 그는 독창적인 음악을 통해 시대의 흐름을 총체예술이라는 악극에 녹여냈고, 한걸음 더 나아가 선택과 배제의 방식을 통하여 독일 민족의 자긍심을 키웠다. 이 방식은 많은 독일인들에게 절대적인 지지를 얻은 긍정적인 측면을 가지지만, 반유대주의를 선동하여 인종주의자들을 조장한 부정적인 측면이 더 크다. 실제로 유대인 대량학살의 주역인 히틀러는 바그너의 음악에 열광했고, 공식 행사에서 항상 바그너의 음악을 사용했다. 때문에 이스라엘에서는 한동안 바그너의 작품 연주가 금지된 일이 있다.

선택과 배제라는 삶의 방식은 적과 아군을 쉽게 구별하기에는 편리하지만 더 큰 화합의 공동체로 만들지 못하는 문제점을 가진다. 대동大同 사회를 이루는 일이 현실에서 어려울지라도 열심히 시도하지 않는다면, 우리의 후손은 조금이라도 더 나은 사회에서 살기 힘들 것이다.

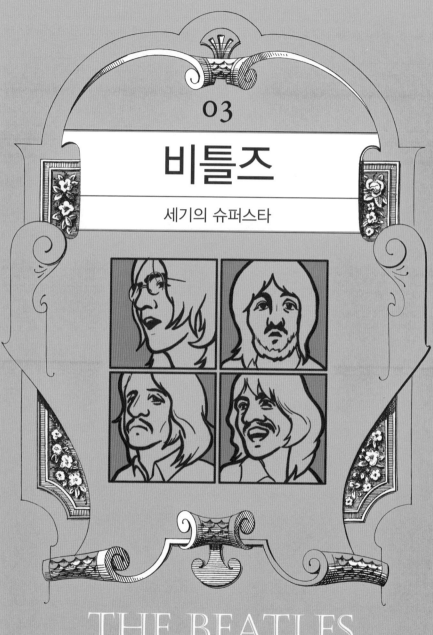

03

비틀즈

세기의 슈퍼스타

THE BEATLES

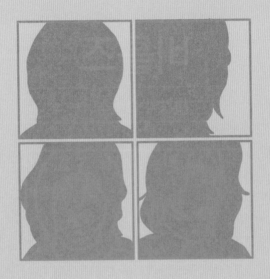

"내 비즈니스 모델은 비틀즈다."

애플 창업자 스티브 잡스

퇴폐와 자유 사이

°°°°°°°°°

1960년대와 1970년대 초 젊은 시절을 보낸 전 세계의 사람들은 영국 리버풀 출신의 4인조 그룹 비틀즈The beatles를 팝 음악의 전설로 기억하고 있다. 경제 성장의 첫 걸음마를 시작했던 제3공화국 시절, 우리나라에서도 비틀즈는 젊은이들에게 선풍적인 인기를 끌었다.

당시 군사정권은 비틀즈의 장발과 록 음악의 저항 풍조의 분위기가 더해 가자 이를 걱정했다. 상명하복의 질서에 익숙한 군사정권은 명령을 내리면 일사불란하게 사회 풍조가 바뀔 것으로 기대했는지 모른다. 대규모로 동원된 경찰들은 사회질서를 확립하고 퇴폐적인 문화 풍조를 없앤다는 명분을

✛ '소음인가 노래인가'라는 비꼬는 투의 기사 제목으로 보아 정권을 비롯한 언론에서 비틀즈를 어떻게 받아들였는지 엿볼 수 있다. 〈동아일보〉 1964년 2월 13일자

0
2

일상 속에 스며든 서양의 문화

내세워 보행위반자를 잡아두었고, 장발 유행을 단속하기 위해 머리 한가운데에 '바리깡'으로 고속도로를 내었다. 뿐만 아니라 젊은 여성이 무릎이 훤히 드러나는 짧은 미니스커트를 입고 있으면 퇴폐 풍조를 단속한다며 대나무 자로 무릎부터 미니스커트 치마까지 길이를 재어 처벌했다.

그러나 비틀즈 음악의 추구가 그랬던 것처럼 당시 우리나라 젊은이들의 장발이나 짧은 치마는 세계적인 유행을 따른 것이었을 뿐 의도적인 퇴폐 행태는 아니었다. 박정희 정권의 청년 문화 탄압은 저항 세력 길들이기라는 정권 안보 측면과 미국 히피 문화 운동의 파괴력에 놀라 가슴을 쓰다듬은 것과 관계가 있다.

미국에서 시작된 자유로운 삶을 추구하는 히피 문화는 기존 가치관의 냉소적인 무시와 베트남 전쟁 반대라는 정치 성향을 드러냈다. 당시 세계 헤비급 권투 챔피언 무하마드 알리가 베트남 참전 거부를 선언하자 징병 기피라는 사유로 챔피언 자격을 박탈당한 사건도 같은 맥락에서 일어났다. 하지만 이들의 활동은 저항적 문화 운동의 성격이었을 뿐 반체제 정치 활동과는 거리가 멀었다.

젊은 비틀즈가 세상에 선 보인 록과 팝 음악들은 정치 지향의 대표 상징은 아니었지만, 저항과 자유를 꿈꾸기 마련인 전 세계 젊은이들의 마음을 완벽하게 사로잡는 데 부족함이 없었다.

✢ 순회공연을 위해 미국에 도착한 비틀즈. 이후 퀸, 엘튼 존, 스팅 등 영국 팝 음악의 미국 침공이 시작되었다.

바가지 머리 소년들

○○○○○○○○○

존 레논이 없었다면 비틀즈도 존재할 수 없었다. 1980년 열광적인 팬에게 살해당한 존 레논은 1957년, 불과 16세의 나이에 '쿼리맨Quarrymen'이라는 대중음악 연주 그룹을 결성했다. 같은 해 7월, 15세의 폴 매카트니가 기타연주자로 쿼리맨에 합류했으며, 14세였던 조지 해리슨이 매카트니의 소개로 리드 기타리스트로 들어왔다. 1962년에는 링고 스타가 새로운 드럼 주자로 영입되면서 마침내 비틀즈가 결성되었다.

음악적 재능을 타고 난 사람들이 모인 그룹이라도 절차탁마를 거쳐야 귀중한 보석이 되어 영롱한 빛을 발하듯, 이제 그들을 갈고 닦아 전설의 비틀즈로 만들어 줄 매니저와 음악 프로듀서가 필요했다. 매니저는 브라이언 엡스타인이었고, 프로듀서는 조지 마틴이었다. 음악적 완성도를 최고 단계로 끌어올린 이 두 사람이 없었다면 비틀즈는 그저 그런 밴드 그룹으로 끝났을지도 모른다.

엡스타인과 마틴은 처음부터 비틀즈의 음악성과 천재성을 알아보았다. 비틀즈는 멤버 모두 훌륭한 가창력을 뽐낼 수 있는 능력이 있었지만 매니저와 프로듀서는 개인의 능력을 절제시켜 더 멋진 음악적 성취를 일구어냈다. 이로써 비틀즈는 그 누구도 넘볼

✦ **캐번 클럽** 리버풀에 위치한 클럽으로 비틀즈는 이곳에서 2년 동안 300회 이상의 공연을 했다.

수 없는 음악적 완성도와 실험 정신을 갖춘 그룹으로 성장했다. 반세기가 지난 오늘날에도 비틀즈의 음악은 새로운 음악을 추구하는 음악인들에게, 더 나아가 전 세계인에게 사랑을 받고 있다.

TALK ON

비틀즈는 탄생할 수 없었다. "○○에 갔다면"

"몇 년 전만 하더라도 우리는 군대에 가야 했을 겁니다. 그렇다면 비틀즈의 결성 여부는 불투명했을 테고, 여러 부대에 흩어졌겠지요. 우린 만나지도 못했을 겁니다." (폴 메카트니)

제2차 세계대전 종반, 당시 영국에서는 학교를 졸업하면 군대에 가야 했다. 더구나 2년이 아니라 수년간 복무해야 했다. 그러나 1959년이 되자 영국 병무청은 1939년 9월 이후 출생한 남자는 징집하지 않기로 발표한다. 1940년생인 존 레논과 링고 스타, 1942년생인 폴 매카트니, 1943년생인 조지 해리슨까지, 아슬아슬하게 징집을 피했던 것은 비틀즈 멤버에게 큰 행운이었다. 그리하여 1962년, 전설의 그룹으로 자리매김한 비틀즈가 결성되었다.

전 세계를 사로잡다

○○○○○○○○○

〈예스터데이Yesterday〉, 〈헤이 주드Hey Jude〉, 〈렛 잇 비Let it be〉, 〈페니 레인Penny lane〉 등은 우리의 귀에 익숙한 명곡들이다. 비틀즈의 명곡들은 지금도 여러 상업 광고 음악으로 쓰이고 있으며, 콧대 높은 베를린 필하모닉 첼로 주자들은 비틀즈의 원곡을 편곡한 음반을 만들어 인기를 얻었다.

일반 학력도, 정규 음악 교육도 받지 않아 스펙으로 내세울 것이 없는 4명의 젊은 영국인이 반세기 이상 전 세계인의 마음을 사로잡은 까닭은 무엇일까? 사람의 귀는 듣기 좋은 소리를 다시 들으려는 경향이 있다. 아마 귀가 두 개인 것은 눈과 마찬가지로 치우치지 않고 잘 들어야 분별력을 갖춘다는 진화의 결과인지도 모른다. 이를 기반으로 생각해 볼 때 비틀즈는 반세기 이상 문화가 다른 여러 나라에서 최고의 대중음악인이라는 평가를 받은 셈이다.

✦ 비틀즈의 마지막 앨범인 〈애비 로드〉 커버

　비틀즈는 영국 여왕 엘리자베스 2세에게 귀족 작위를 수여받았
다. 음악적 공헌을 비롯해 이들이 벌어들인 막대한 외화와 전 세
계에 영국의 명예를 떨친 공로를 인정받은 결과물이었다. 마치 엘
리자베스 1세 시절 해적 드레이크가 신대륙의 금과 은을 싣고 다
니던 스페인 선박을 약탈하자 귀족 작위를 수여받은 것과 같은 논
리이다. 실제로 미국은 비틀즈 이후 영국 대중음악의 미국 음악 시
장 장악을 '영국의 침략British invasion'이라고 이름 붙인 적이 있다.
　후기 자본주의 시대가 도래하자 영국은 문화 산업의 새로운 지평을 열었다. 영국은 문화 산업이 확실한 돈이 된다는 사실을 일찍 깨달았던 것 같다. 사실 자동차, 기계, 전자, 컴퓨터 산업, 생명과학 산업만이 돈을 버는 것은 아니다. 금융을 비롯해 어학연수를 위해 영국을 찾아오는 사람들의 유학 비용도 거액의 수익 사업에 해당되며, 해리포터와 같은 소설이나 프리미어리그 등도 대외 경쟁력을 갖춘 수익 사업이다.

영국은 이를 잘 알고 경쟁력을 갖춘 새로운 사업 분야를 찾았고, 문화 상품을 세계 시장에 꾸준히 수출함으로써 21세기에도 문화 강대국의 입지를 굳건히 지킬 것으로 예상된다. 영국은 얄미운 당신이라고나 할까 싶은 국가인 셈이다.

TALK ON

최초로 대중음악과 클래식이 만나다

대중음악 역사상 최초로 현악 사중주를 도입한 〈예스터데이〉. 비틀즈의 프로듀서 조지 마틴은 〈예스터데이〉 반주에 현악 사중주의 삽입을 제안했다. 당시 록밴드의 일반적인 사운드는 베이스, 드럼, 기타, 보컬이었으므로 대중음악에 클래식 음악을 사용하는 것은 파격적인 시도였다.

이러한 실험 정신은 외면 받던 록이라는 장르의 지평을 넓힌 혁신적인 사건이었으며, 오늘날에도 비틀즈가 사랑받는 이유 중 하나이다.

알게 모르게 서구 문화 세계의 식민지에 살고 있는 우리는 폴 매카트니의 월간 저작권 수입 1억, 연간 수입 350억에 일조하고 있음이 분명하다. 오늘날 우리나라도 세계 문화 시장에 한류 바람을 일으켜 문화 수출을 하기 시작했다. 현지에서 한류 열풍을 경험한 해외여행자들의 입소문을 들으면 우리나라의 비약적인 문화 수출 실적이 기대되는 바이다. 다만 기술이전비 즉 핵심 부품의 수입이나 로열티를 내고 바깥에서 버는 척하고 안으로 새는 행태가 반복되지 않기를 덧붙이고 싶다.

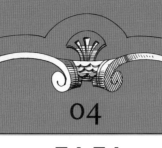

04

합창

침묵도 노래가 되다

CHORUS

"하모니의 아름다움뿐만 아니라 우리의 사회를 화합시키고
우리의 정서를 순화시키는 힘이 있다."

안산시립합창단 상임지휘자 박신화

합창이 뜨다

ooooooooo

2013년 1월 KBS 1TV 〈글로벌 성공시대〉는 한국인 최초로 빈 소년 합창단의 지휘자로 자리 잡은 김보미 씨의 이야기를 소개했다. 이미 2012년 연말부터 신문, 방송 기타 여론 매체들은 앞다투어 400년 전통의 빈 소년 합창단이 최초 여성 지휘자로 한국인을 선택했다고 보도했다. 한국 출신의 젊은 여성이 가곡의 왕 슈베르트가 단원이었던 세계 최고 수준의 합창단을 이끈다는 사실에 많은 국민들이 뿌듯함을 느꼈다.

음악 감독 박칼린은 2010년 KBS 2TV 〈남자의 자격〉에서 청춘 합창단을 지휘하며 세간의 주목을 받았다. 시청자들은 단원 선발 오디션부터 파트 연습 그리고 함께 일구어낸 〈넬라 판타지아Nella Fantasia〉라는 곡을 통해 합창의 아름다움에 공감한 바 있다.

이러한 방송 매체의 영향력 때문인지 최근 우리나라에서는 여러 학교, 지역, 자치단체에서 합창단이 발족되어 합창 문화가 활기를 띠고 있다.

+ 무지크페라인 홀에서 열린 빈 소년 합창단의 공연 모습

아름다운 하모니

○○○○○○○○

5음계로 구성된 우리나라 전통음악에서 2, 3, 4부로 이루어진 합창의 흔적을 찾기는 어렵다. 우리 전통음악 가운데 합창의 형태와 유사한 노래는 노동요이다. 이마저도 제창으로 부르기는 하지만 소프라노, 알토, 테너, 베이스 등 네 파트로 구성된 서양의 합창과는 달랐다.

최근 점점 더 많은 사람들이 서양의 합창 음악을 좋아하고 자발적으로 합창단에 참여한다. 자기 목소리가 뛰어난 천상의 목소리가 아니어도 합창단에서 당당하게 한몫을 할 수 있다는 정체성을 확인받기 때문이다.

합창단은 유명한 예술 가곡이나 오페라 아리아들을 멋지게 부른 표도르 샬랴핀이나 루치아노 파바로티, 마리아 칼라스나 홍혜경 등의 노래 실력에는 이르지 못하나 최고의 성악가들조차 혼자서 부를 수 없는 멋진 노래를 부른다. 예를 들어 헨델의 오라토리오 중 〈할렐루야〉, 모차르트의 대관식 미사 중 〈글로리아〉 등을 함께 소리를 모아 부를 수 있고, 아름다운 하모니를 만들어 낼 수 있으니 나름대로 뿌듯함을 느끼는 것이다.

동서양의 합창

● ● ● ● ● ● ● ● ●

서양의 합창은 기독교의 예배 또는 전례 의식의 규모가 확대되면서 꾸준히 발전했다. 교회가 없었다면 서양 합창 음악의 발전도 없었을 것이다. 그런즉 서양 합창의 발전은 기독교의 변화, 발전과 긴밀한 관계에 놓여 있다.

우리나라도 아시아에서는 예외적으로 기독교의 교세가 강해 합창 수준이 높은 편이다. 실례로 월드비전 선명회 어린이 합창단의 수준은 세계적이라는 평판을 이미 오래전에 얻은 바 있다. 사실 우리나라 합창 음악의 발전과 기독교 성가대의 합창 수준을 분리시키기 어렵다.

한편 기독교의 교세 성장과 합창의 관련성을 인식한 불교계도 최근 합창의 중요성에 눈을 떴다. 얼마 전부터 불교 합창단이 발족되어 찬불가를 부르며 예식을 담당하고 있지만 아직은 생소하다. 개인적으로 스님들이 목탁을 치며 염불을 하는 것이 찬불가 합창에 비하여 더 음악적이라고 느낀다. 이는 멋진 합창 찬불가 작품들이 아직 충분히 작곡되지 않았기 때문이 아닐까 싶다.

일본의 합창은 기독교와 직접적인 연관은 덜하지만 경제 안정과 여유가 있는 중산층의 취미 활동으로 자리 잡은 지 오래되었다.

또한 교육 당국이 어린 학생들을 효과적으로 교육하기 위한 방법으로 합창에 주목하여 그 저변이 매우 넓은 편이다.

조선 최초의 흑인 합창 공연

1920년 7월 30일, 종로 중앙 기독교 청년회 대강당에서 최초의 흑인 합창 공연이 열렸다. 공연 소식에 관중들은 1천여 명이나 모여들었고, 공연은 성황리에 끝이 났다. 이들의 공연은 서양의 합창과는 달리 반주가 없는 대중 노래를 부른 것으로 추측된다.

조선의 관중들이 보인 반응에 대해 한 신문은 '재미있는 곡조와 점점 우스워지는 표정과 동작이 천 여인의 청중으로 하여금 허리를 펴지 못하게 했으며, 익살맞은 곡조와 요절할 동작이 조화되

흑인 성악단은 미국 흑인 남성 세 명, 러시아계 여성 한 명으로 구성되었다. 〈동아일보〉 1920년 7월 29일자

어 실로 초상 상주도 웃지 않을 수 없었다'라고 묘사하고 있다. 이는 생소한 흑인 문화를 처음 접한 당시 조선인들의 호기심 어린 반응이었다.

떼놓을 수 없는 것

ㅇㅇㅇㅇㅇㅇㅇㅇㅇ

교회의 규모와 건축 구조, 파이프 오르간의 사용과 서양 합창의 발전은 밀접한 관계를 가진다. 이 관계를 설명하기 위해서는 중세 이래 서양에서 건축된 교회들의 규모가 컸다는 점을 먼저 알아야 한다.

교회들의 경우 길이와 폭이 각각 50m, 30m가 넘는다. 높이가 30m에 이르는 교회들은 큰 축에 들지 못했고, 150m의 길이와 100m의 폭, 70m가 넘는 높이의 대형 교회들도 드물지 않았다.

규모가 큰 교회에서 예배를 드리려면 아주 큰 소리를 내는 반주 악기가 필요했다. 때문에 일찍부터 거의 모든 교회에서는 파이프 오르간을 사용했다. 바흐가 오랫동안 일했던 독일 라이프치히 성 토마스 교회는 규모가 썩 큰 편이 아닌데도 파이프 오르간을 두 대씩이나 설치했다. 우리나라 대부분의 교회가 예배 시 사용하는 피아노는 서양의 교회에서 찾아보기 힘들다.

성가聖歌의 성격도 교회의 규모와 관계가 있다. 무엇보다 교회의 내부 공간이 컸으며 울림이 크게 전달되는 돌로 된 벽과 기둥이 있었고, 반주 악기로 파이프 오르간을 사용했기 때문에 빠른 템포의 성가곡이 잘 어울리지 않았다.

+ 헝가리 부다페스트에 있는 성 이슈트반 대성당의 파이프 오르간

느린 템포의 성가들은 충분한 울림을 통해 우아하고 부드러운 소리를 만들었다. 이는 신자들이 내면의 소리에 귀를 기울이게 만드는 데 효과적이었다. 차분한 마음으로 기도하고 묵상하는 종교 의식과 느린 템포의 성가들은 잘 어울렸고, 신자들은 겸손히 하느님에게 자비를 청하는 성가를 들었다.

모두가 내는 하나의 목소리

ⲟⲟⲟⲟⲟⲟⲟⲟⲟ

필자는 학창 시절 합창단에서 활동했고, 일요일에는 기독교 교회의 성가대원으로 오랫동안 활동해 왔다. 지금까지도 여러 합창 모임에 참여하여 합창 단원으로서 꽤 오랜 경력을 갖고 있다. 목소리가 좋지 않아 솔리스트로 발탁된 경험은 없지만, 서당 개 3년 이상의 경력으로 베이스 파트의 악보는 그럭저럭 보는 편이다.

합창을 좋아하다 보니 서양 합창 음악에도 관심이 생겨 많은 합창단의 연주를 찾아 듣곤 한다. 2013년 우리나라 김보미 씨가 여성 최초로 지휘자로 임명되어 주목을 받은 빈 소년 합창단 외에도 프랑스 영화 〈코러스〉에서 소년 합창단의 음악도 훌륭하게 느꼈고, 합창 음악의 걸작 중 하나인 바흐의 〈B단조 미사〉도 감동을 받으며 들었다. 특히 15년 전 우연히 영국의 가톨릭교회와 성공회 성가대의 합창을 듣고 난 뒤에는 이들의 합창을 찾아 들으려고 노력한다.

이미 알 만한 사람들은 영국 합창의 뛰어남을 잘 알고 있지만 우리나라에 영국의 합창 음악은 많이 알려지지 않았다. 아카펠라 그룹 킹스 싱어즈가 〈you are the new day〉와 〈마법의 성〉을 불러 인기를 얻은 정도이다. 그런데 영국의 합창 수준은 이를 훨씬 뛰어넘는다.

영국 성공회에는 음악을 중심으로 예배를 드리는 'Even Song'이라는 저녁 예배가 있다. 큰 규모의 성공회 교회들은 이 예배의 전례 음악을 담당하기 위해 소년 합창 단원을 길러 내는 합창 학교를 세웠는데, 그 역사와 합창 수준은 빈 소년 합창단과 비교해도 손색이 없다.

이뿐만 아니라 옥스퍼드, 케임브리지와 같은 유서 깊은 대학 교회나 주교좌 교회들, 웨스트민스터 대성당, 캔터베리 대성당 등에서 영국 합창 음악의 정수를 만날 수 있다. '코리스터Chorister'라고 불리는 소년 합창 단원들은 여성들이 불러야 할 고음을 담당하는데, 이들의 합창을 들으며 온몸에 전율을 느낀 적이 있다.

서양음악에는 다양한 영역이 존재한다. 하지만 훌륭한 합창 음악을 들은 경험을 바탕으로 사람의 목소리가 그 어느 악기보다 아름다운 음악을 만들어 낸다고 주장하고 싶다. 그중에서도 자기 목소리를 가다듬고 옆 사람의 소리를 들으며 자기 소리를 내어 조화를 이끌어 내는 합창 음악에서 가장 아름다운 음악의 세계를 알게 되었다. 그러나 단원 모두가 자신의 목소리를 내면서도 여럿이 하나가 되는 합창 음악의 신비로움을 느끼지 못한다면 합창이 빚어내는 아름다운 음악을 듣기는 어려울 것이다.

TALK ON

불만을 노래한다, 불만 합창단

"버스 기사는 하나같이 무뚝뚝해. 내 컴퓨터는 엄청 느려 터졌어. 시내에서 파는 맥주는 터무니없는 바가지야. 특대 사이즈 광고 게시판은 꼴도 보기 싫어." (버밍엄 불만 합창단)

핀란드의 예술가 칼라이넨 부부가 창안한 불만 합창단은 말 그대로 불만을 노래하는 합창단이다. 2005년 5월, 영국 버밍엄을 시작으로 전 세계를 돌아 2008년 10월 한국에도 상륙했다. 그곳엔 고루한 권위 의식도, 정해진 격식도 없다. 장애인 야학생, 진주에서 올라온 아줌마, 촛불 누리꾼이 마음껏 소리치고 신나게 춤을 춘다. 합창단 안에서는 어느 누구라도 불만을 노래로 발산할 수 있다.

05

콘서트 홀

돈으로 사는 특권

CONCERT HALL

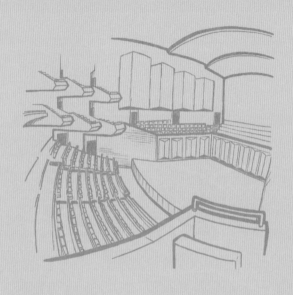

"말이 통하지 아니하는 곳에서 통하는 것은 음악이다."

동화 작가 한스 안데르센

클래식부터 록 밴드까지

ooooooooo

일반적으로 콘서트 홀이란 클래식 음악이 연주되는 장소이다. 서양에서는 오페라 극장이나 교회, 발레 극장에서도 클래식 콘서트가 열리는 경우가 드물지 않지만 우리나라의 경우 클래식 연주회는 주로 콘서트 홀에서 열리고 있다.

한편 국내외 유명 대중가수나 록 밴드 공연의 경우에는 초대형 운동장이나 공원에 대형 음향 시설을 설치하여 수만 명 심지어 수십만 명이 참가해 공연을 즐기기도 한다. 1969년 뉴욕 근교의 농장에서 3일간 열린 '우드스톡Woodstock 페스티벌'이 대표적이다. 이 공연에는 베트남 전쟁에 반대하는 조안 바에즈, 제퍼슨 에어플레인, 지미 헨드릭스 등 전설의 록 스타들이 출연했고, 약 50만 명의 관중이 몰려들었다.

클래식의 경우도 점차 야외 공연이 늘어나는 추세다. 1990년에 대형 음향 시설이 동원된 로마의 카라칼라Caracalla 공공 목욕탕에서 '쓰리 테너The Three Tenors 콘서트'가 열렸는데, 주빈 메타가 지휘하고 파바로티, 호세 카레라스, 플라시도 도밍고가 함께 연주하여 큰 성공을 거둔 바 있다. 클래식 콘서트로는 예외였던 이 공연 이후 이러한 기획은 점점 많아지고 있다. 영국 런던에서 여름

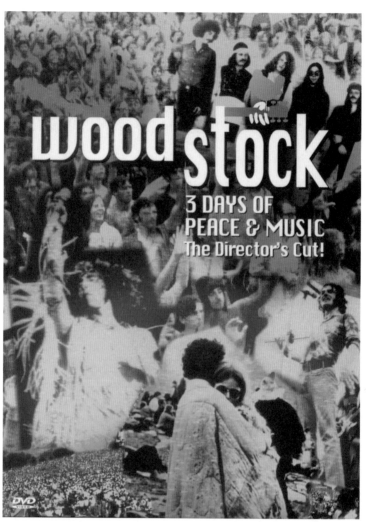

✤ 영화 〈우드스톡〉 포스터

마다 열리는 '프롬나드Promenade 콘서트'는 관객의 꾸준한 호응을 이끌어 내고 있고, 엄격한 클래식 전통을 지키던 음악의 도시 베를린에서도 몇 년 전부터 발트뷔네Waldbühne 공원에서 야외 음악회가 열려 큰 인기를 얻고 있다.

교회가 있는 곳에 음악이 있다

고대 로마는 문화뿐만 아니라 오늘날 우리 삶에도 큰 영향을 끼치고 있다. 법과 도로, 도시 기반 시설 그리고 기독교에 이르기까지 로마의 통치 제도들은 여전히 우리 주변에 살아 있다. 넓은 로마 제국을 평화 속에서 통치하기 위해 지배층은 잘 정비된 법과 강력한 군사력을 유지하려 했을 뿐 아니라 제국의 시민들에게 먹거리와 휴식거리를 제공하려 고심했다. 공공 목욕탕, 상·하수도 시설, 광장, 원형극장 그리고 검투사들이 목숨을 걸고 싸웠던 콜로세움 등은 시민들을 즐겁게 하기 위한 정책의 결과물이다.

로마가 세운 원형극장은 그리스의 것을 모방했지만 크기는 훨씬 컸다. 그리스는 도시국가의 규모에 알맞은 크기로 극장을 세운데 비해 로마는 제국의 규모에 적합한 극장을 세웠기 때문이다.

✤ 이탈리아 피사 대성당(위)과 영국 캔터베리 대성당의 스테인드글라스(아래)

심지어 로마는 스페인, 북아프리카 등 식민지에도 대규모 극장을 지었다.

전자 음향 시설이 없던 당시, 고대 로마의 건축가들은 뛰어난 공명 시설을 설계하여 많은 관객들이 훌륭한 음향을 들을 수 있게 만들었다. 대리석으로 마감한 벽과 높은 천장 등 건축 구조 또한 흡음과 소리의 반향 그리고 적절한 잔향을 만드는 데 도움을 주었다. 이탈리아 베로나의 아레나Verona Arena는 지금도 여름 오페라 축제의 주 무대로 쓰이고 있다.

이러한 건축물의 기본 구조는 로마 제국이 무너지고 게르만족이 서구 세계를 장악했던 중세 천여 년 동안에도 계속되었다. 잦은 전쟁 때문에 성이나 교회 건물의 높이는 낮아지고 창은 아주 작아졌으며 돌로 만든 벽은 두꺼워졌다. 난방을 위해 내려뜨린 태피스트리(다채로운 실로 그림을 짜 넣은 직물)나 바닥에 깐 카펫 또한 소리를 흡수하고 반향을 줄이는 기능을 수행했다. 허용된 공간 자체가 작았기 때문에 큰 소리를 내는 악기들은 요구되지 않았다. 또한 중세 초에는 크고 아름다운 음악을 사람들을 죄악의 세계로 미혹하는 도구라 여겨 배제했기 때문이기도 하다. 그래서 엄숙한 내면의 소리를 듣게 만드는 남성들의 작고 단조로운 성악들이 기독교 고위 성직자들의 지지를 받아 널리 퍼졌다. 그러나 공인된

✦ 이탈리아 베로나의 아레나(위)와 독일 라이프치히의 게반트하우스(아래)

축제 기간에는 종교적인 억압에 대한 저항의 성격을 띠는 오늘날 록 밴드와 같은 음악들이 연주되기도 했다.

중세 말, 11세기부터 200여 년간 지속된 십자군 전쟁을 통해 사람들은 새로운 이슬람 세계를 접하게 되었고 이로써 세상을 바라보는 시각이 변하기 시작했다. 오랫동안 갇혀 지내던 이들이 넓은 바깥 세계를 체험하게 된 것이다. 이러한 경험이 경제를 윤택하게 만든 점도 있었다. 농업으로만 먹고 살던 사람들이 외부 세계와 교역하거나 상업으로 생계를 꾸리면서 여유로운 삶이 가능해진 것이다.

이로써 중세 말 서구 사람들은 현실을 조금 더 긍정적으로 즐기기 시작했고, 이러한 생각은 교회 건축 양식의 변화로 이어졌다. 천장은 높아졌고 큰 스테인드글라스가 생겨나는 등 규모가 커지기 시작한 것이다. 내부의 벽들이 얇아지면서 더 넓은 공간이 생겼고 이에 공명도 강해졌다. 신자들이 많아지자 이에 적합한 종교음악들이 작곡되었으며 다양한 음색으로 큰 소리를 낼 수 있는 파이프 오르간이 실내에 설치되기 시작했다. 이 시기에 지어진 교회들은 공명이 뛰어나 오늘날에도 유명한 연주자들의 음반 작업 장소나 콘서트 홀로 이용된다.

콘서트 홀, 열린 연주로 바꾸다

ᵒᵒᵒᵒᵒᵒᵒᵒᵒ

르네상스 이후 여유로운 삶을 즐길 여력이 있는 시민 계층이 성장하면서 교황청과 귀족, 궁정은 더 이상 독점적으로 음악을 즐길 수 없게 되었다. 부유해진 시민들이 예술 시장의 판도를 바꾸기 시작했던 것이다.

뛰어난 음악가들은 더 이상 고위 성직자와 왕, 귀족의 후원만을 기대하지 않아도 되었다. 그들은 도시 당국으로부터 작곡을 의뢰받거나 인기 있는 곡을 작곡해 악보를 출판해 판매했고, 큰 규모의 연주회를 열거나 부유한 시민들에게 레슨을 하는 등 많은 돈을 벌어 사회적인 지위를 높일 수 있었다.

17세기 이후 도시를 지배한 부유한 상인들은 자신들의 계층이 누릴 수 있는 규모의 전문 콘서트 홀을 짓기 시작했다. 오늘날 우리에게 잘 알려진 콘서트 홀들은 이들에 의해 지어진 것이 많다. 1781년 라이프치히의 옷감 상인들이 지은 게반트하우스Gewandhaus나 1778년 밀라노의 부유한 상인들 90여 명이 주도하여 지은 라 스칼라La Scala 극장이 대표적이다. 1668년 영국 옥스퍼드대학은 옥스퍼드 오케스트라의 터전인 셸도니언 극장 Sheldonian Theatre을 지어 학생들에게 음악을 제공했다.

콘서트 홀은 국왕의 각별한 후원을 받은 음악인들을 위해서도 계속 세워졌다. 왕권이 계속 약화되는 시기에 왕과 귀족들은 시민 계층과 차별화를 위해 예술의 후원에 더욱 힘을 썼다. 이를 잘 이용한 음악인이 바그너이다. 바그너는 몰락하는 바이에른 왕국의 어린 국왕 루트비히 2세의 허전한 마음을 '총체극'이라는 형식의 악극으로 사로잡아 바이로이트 축제극장을 지을 수 있었

TALK ON

꿈의 무대 카네기 홀에 선 한국인들

1950년, 성악가 김자경은 한국인 최초로 카네기 홀에서 독창회를 열었다. 이후 오늘날까지 피아노, 바이올린, 기타 등 다양한 분야의 한국 음악가들이 종종 카네기 홀에서 연주를 열고 있다. 최근에는 팝페라 가수 임형주가 최초로 카네기 3개 홀에서 모두 공연을 해서 주목을 받았다. 대중음악의 경우 1989년 패티김을 시작으로 조용필, 인순이, 이선희, 김범수가 무대에 섰다.

카네기 홀은 전문 음악인뿐 아니라 아마추어 음악가들에게도 무대를 제공하고 있다. 2009년에는 인터넷 오디션을 통해 선발된 한국인 8명을 포함한 '유튜브 심포니 오케스트라' 공연이 열렸고, 2013년에는 한국인 시각장애인으로 구성된 '하트 체임버 오케스트라'의 콘서트가 열렸다. 또한 정명훈이 지휘하는 아동복지시설 '부산 소년의 집 오케스트라'는 카네기 홀 공연을 앞두고 열심히 연습 중이다. 꿈의 무대 카네기 홀은 점점 우리에게 현실이 되고 있다.

✦ 콘서트 홀이 대중화되면서 클래식 연주회를 즐길 수 있는 기회가 많아지고 있다.

다. 1766년 오스트리아에서는 하이든을 특히 좋아한 에스테르하지 공이 자신의 궁전에 하이든 홀을 지었다. 1776년 러시아에서는 표트르 바실리예비치 대공이 볼쇼이 극장을 세웠고, 1875년 프랑스에서도 나폴레옹 3세의 후원을 받은 오페라 가르니에Opéra Garnier 극장이 지어졌다. 1871년 영국 여왕은 남편 앨버트 대공을 기리기 위해 로열 앨버트 홀Royal Albert Hall을 세웠다.

미국은 세계적 기업을 창건해 막대한 부를 쌓은 기업인들이 콘서트 홀을 세웠다. 19세기 말 모건, 밴더빌트 같은 신흥 기업인들은 1880년 뉴욕에 메트로폴리탄 오페라 극장을 세웠다. 미국 건국 초기 동부에 뿌리내린 전통 가문이 장악하고 있던 뉴욕 아카데미 오브 뮤직Academy of Music 오페라 하우스가 신흥 재벌 가문들의 예술계 진출을 가로막자, 자신들을 위해 새 극장을 지은 것이다. 같은 맥락에서 '철강왕' 카네기는 1891년 카네기 홀Carnegie Hall을 세웠다. 새로운 예술의 명소가 된 이 극장은 1,500석에서 2,000석에 이르는 규모로 지어졌다. 이로 인해 상류층만 폐쇄적으로 향유하던 클래식 공연들이 조금 더 열린 연주로 바뀌게 되었다.

1960년대 이후 경제 발전의 대로에 들어선 우리나라도 점차 예술에 관심을 쏟을 여유가 생겼다. 명동 국립극장, 이화여자대학교

대강당, 세종문화회관으로 대변되던 60~70년대 우리나라의 클래식 문화공간은, 경제가 안정되자 80년대 예술의 전당으로 확대되었다. 이후 재벌 중심의 대기업들이 문화 공간을 지었으니 삼성의 호암 아트홀, 금호아시아나의 금호 아트홀이 그것이다. 최근에는 공기업이나 자치단체에서도 콘서트 홀을 세워 지역 주민들의 문화, 예술에 대한 욕구를 충족시키고 있다. 물론 자치단체들의 이러한 행보는 선거용 선심 쓰기에서 비롯된다는 우려를 낳기도 한다.

TALK ON

하우스 콘서트의 붐

2002년 피아니스트 박창수는 서울 연희동 자택에서 하우스 콘서트를 열었다. 이후 음향 시설이 전혀 없는 서울 서초동의 '화이트 홀'이나 부암동 'Art for Life', 남양주의 '왈츠와 닥터만' 같은 커피숍에서 하우스 콘서트가 열리고 있으나, 가격도 비싸고 입장도 제한적이다. 강릉의 커피숍 '플로렌티아'에서는 얼마 전까지 정기 연주회가 열렸는데, 입장료 만 원에 커피와 쿠키가 제공되고 눈앞에서 생생한 연주를 볼 수 있어 예약이 쉽지 않았다.

세계적인 거장의 대규모 공연은 아니지만, 수준을 갖춘 클래식 연주회를 소규모로 즐기는 분위기는 당분간 지속될 것으로 생각된다.

클래식의 대중화를 위하여

○○○○○○○○○

　우리 사회는 1960년 이후 굶주림과 가난에서 벗어나 꾸준한 경제 발전을 이룩했고 이 과정에서 신흥 부자들이 늘어나기 시작했다. 여유가 생긴 신흥 부자들은 토마스 만의 소설《부덴브로크 가의 사람들》의 등장인물들처럼 예술, 특히 클래식 음악에 대한 환상을 강하게 지니고 있었다. 이들은 나이가 많아 클래식을 직접 배울 수 없었기 때문에 자녀들에게 클래식 음악 세계를 경험시키려 했다. 그래서 부유한 집안의 젊은 세대는 유럽과 미국에서 최고 수준의 클래식 음악을 배울 기회를 얻었고, 삶의 질을 높여 줄 신분 상승의 '스펙'을 쌓았다. 이러한 과정은 중간 규모 콘서트 홀에서의 연주로 마무리된다.

　오늘날 서울에서는 많은 콘서트들이 거의 매일 열리고 있다. 그러나 개인 또는 앙상블 연주 목적으로 콘서트 홀을 빌리는 일은 쉽지 않다. 2013년 4월 기준 예술의 전당 하루 대관료는 261만 원으로, 포스터 제작비와 기획사 수수료 등 기타 경비를 합하면 대략 7~800만 원이 든다. 아직 경제력이 없는 젊은 예술가들이 자기 힘으로 이만한 비용을 마련하기란 어렵다. 결국 국내 클래식 음악 세계에 첫선을 보이는 일도 부모나 친지의 뒷받침이 있어야 가능하다는 것이다.

오늘날 우리 사회는 양극화로 치닫고 있고 우리나라 클래식 음악계는 이 양극화의 경향을 뚜렷하게 보여 주고 있다. 사실 웬만큼 유명한 콘서트 티켓은 수십만 원대를 호가한다. 2010년 예술의 전당에서 사이먼 래틀이 지휘하는 베를린 필하모닉 내한 공연 티켓은 R석이 45만 원이었고, 2012년 연세대 노천극장에서 공연된 오페라 〈라 보엠〉의 VIP석 티켓은 57만 원이었다. 두 사람이 함께 공연을 본다면 하루 저녁에 100만 원이 드는 셈이니 이만한 비용을 감당할 수 있는 사람들이 우리 사회에 얼마나 되는지 궁금하다. 한편 중간 규모 콘서트 홀에서 열리는 많은 공연들은 언론에 소개조차 되지 않아 거의 대부분 초청 티켓으로 좌석을 채우는 것이 실상이다.

이러한 현상들은 새로운 클래식 애호가들을 콘서트 홀로 불러 모으는 일이 쉽지 않다는 사실을 말해 준다. 소수 상류층의 전유물인 클래식의 세계로 서민층을 인도해 클래식의 저변을 확대하는 일은 아직 어려운 과제이다. 우리 사회가 이러한 문제점을 절실하게 깨닫고 줄여나갈 때 클래식 음악 세계도 확대될 수 있다. 그렇지만 클래식 음악계에서부터 먼저 양극화를 줄여나가 점차 사회의 양극화도 줄어들게 되는 일은 아직 꿈만 같다.

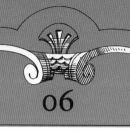

06

렘브란트

빛의 연금술사

REMBRANDT

"꿈을 포기하는 젊은이는 생명이 없는 시신과
같으니 살아가지 않느니만 못하다."
렘브란트의 〈22세의 자화상〉을 본 괴테

관용의 나라, 네덜란드

○○○○○○○○○

마리화나를 백주에 카페에서 판매해도 처벌받지 않는 곳, 매춘이 합법적으로 허용된 곳, 170여 국적을 가진 사람들이 큰 갈등 없이 모여 사는 곳. 바로 오늘날의 암스테르담이다. 그래서 네덜란드 사람들은 암스테르담을 소개하는 책자에서 관용의 정신을 이 도시의 기본 정신으로 꼽고 있다.

네덜란드가 17세기에 개간 사업을 벌여 육지를 넓히고 운하를 파서 배수와 교통에 이용한 사실은 유명하다. 더 놀라운 점은 이미 이 시기에 운하 양옆에 나무를 심어 둑이 무너지는 것을 방지하고 거친 북해의 바람을 막았다는 것이다. 동시에 나무들의 벌채는 엄격히 금지했다. 네덜란드인들은 17세기에 이미 오늘날의 그린벨트 기본 이념을 실천했고, 지금 그 후손들은 나무 그늘 속에서 평안하게 산책을 하며 자전거를 타고 다니고 있다.

오늘날 암스테르담 인구는 70만 명인데 자전거는 65만 대라고 한다. 여기에는 환경오염에 대한 국민들의 자발적 인식과 정부의 정책이 함께 작용했다. 자동차의 매연을 없애고 건강을 증진하는 자전거의 천국이 네덜란드이며, 수도 암스테르담이다.

✤ 암스테르담 반 고흐 미술관

예술과 암스테르담

암스테르담은 미술관과 박물관으로 이름난 곳이다. 박물관 카드가 따로 있어서 관광객들은 이 카드의 쿠폰을 이용하거나 할인을 받아 훌륭한 미술관과 박물관을 마음껏 둘러볼 수 있다.

우리나라 여행객들이 암스테르담에서 특히 좋아하는 미술관은 반 고흐 미술관이다. 고흐의 걸작 〈해바라기〉와 〈자화상〉 앞에는 언제나 여러 나라의 많은 관람객들이 줄 서 있다. 일본 채색 목판화의 영향을 강하게 받은 고흐가 안도 히로시게의 우키요에浮世繪를 모사한 〈비가 오는 다리〉 모작 앞에는 일본인들이 모여서 흐뭇하게 그림을 바라보기도 한다. 고흐는 인상파 그림뿐만 아니라 농민 화가 밀레의 영향을 받아 가난한 농민들의 고된 삶을 그리기도 했다.

반 고흐 미술관에서 나오면 천천히 걸어 10분도 채 안 걸리는 곳에 암스테르담 국립박물관이 있다. 이 국립박물관은 17세기 네덜란드가 황금기를 누리던 시절의 유물 및 예술품들을 시기적으로 잘 정리하여 전시하고 있다.

17세기 서민의 삶을 묘사한 화가

○○○○○○○○○

몇 해 전 중국 CCTV는 〈대국굴기大國屈起〉라는 프로그램을 방영한 바 있다. 〈대국굴기〉에서 17세기 네덜란드는 영국보다 앞서 근대 초 유럽을 이끈 대표적인 강소국强小國으로 집중 조명을 받았다. 작은 국가 네덜란드가 실용적인 삶, 개척 정신, 투철한 상인 정신을 바탕으로 17세기 세계정세를 이끌었다는 내용이었다.

스페인 절대왕정을 몰아내고 이른 시기에 공화국을 세운 네덜란드 사회를 이끈 세력은 기업 정신에 투철한 상인들이었다. 이들은 군대까지 보유한 동인도회사를 세워 인도네시아를 경영했고 에도江戸 시대 일본까지 진출하여 후쿠오카에 '데지마出島'라는 근거지를 확보했다. 조선 중기 우리나라에 표류했던 경험을 글로 남긴 하멜도 네덜란드 사람이었다. 해상 교통수단이라고는 범선뿐이었던 당시, 대서양에서 출발하여 태평양 북쪽까지 먼 거리를 돌아다니며 무역 활동에 몰두했던 네덜란드 상인들은 자본주의 기업 정신을 온몸으로 확실하게 입증한 것이다.

성공한 17세기 네덜란드 상인들은 자신들의 업적을 기리기 위해 화가에게 초상화나 자신들의 회의 장면을 묘사한 그림을 의뢰하곤 했다. 이들의 요구에 응해 그림을 그린 대표적인 화가가

✦ 〈자화상〉 렘브란트는 100여 점 이상의 자화상을 그렸다.

✤ 〈마르텐 루텐의 초상화〉 렘브란트가 암스테르담에서 그
린 초상화 중 하나이다. 그림의 주인공인 마르텐 루텐은 암
스테르담 출신의 부유한 상인이었다.

바로 렘브란트Rembrandt Harmenszoon van Rijn이다.

동시대 다른 나라 미술가들은 가톨릭교회의 주문을 받아 고위 성직자의 초상화나 성경에 나오는 교훈적인 일화 등을 주로 그렸다. 이러한 그림들은 대체로 권위와 영광을 주제로 했기 때문에 규모가 컸다.

하지만 렘브란트의 그림에는 큰 규모의 그림들이 별로 없다. 아무리 성공한 상인이라도 절대주의 국왕이나 가톨릭 고위 성직자의 것만큼 거대한 그림을 걸어 둘 넓은 공간을 확보할 수 없었기 때문이다. 이는 실용 정신이 특히 강한 네덜란드인들이 애초에 필요 이상의 큰 공간을 만들지 않았기 때문이기도 하다. 크기가 작은 그림들의 주제 또한 우키요에처럼 주로 서민들의 일상을 그린 것들이 많다.

✛ 〈야경〉 스페인에서 독립한 네덜란드 시민들이 자체적으로 민병대를 조직해 활동하는 모습을 그렸다.

일상 속에 스며든 서양의 문화

네덜란드 가치의 명과 암

○○○○○○○○○

렘브란트의 그림에는 명암을 절묘하게 표현하여 사실성을 극도로 높인 것들이 많다. 그는 유화, 에칭, 소묘 등 여러 회화 매체들에서 빛과 어둠의 대비를 표현했다. 역사화, 초상화, 풍경화 등 다양한 주제의 그림에 나타난 극적인 명암 대비는 작품을 더욱 생생하고 사실적으로 보이게 한다.

렘브란트와 함께 17세기 네덜란드를 대표하는 화가로 활동했던 베르메르 또한 이러한 명암 대비를 그림의 특징 중 하나로 삼고 있기도 하다. 빛의 밝음을 더 충실하게 표현하기 위하여 얼굴의 빛나는 부분을 가는 붓으로 점을 찍어 표현한 렘브란트의 기법은 후대 프랑스 화가 쇠라의 점묘법에도 영향을 준 것 같다.

대상을 있는 그대로 재현했던 이 시기 네덜란드 화가들의 그림에서는 현실을 중요시하는 마음가짐을 읽을 수 있다. 그들은 현재의 삶이 만족스럽기 때문에 현실을 왜곡하지 않았다. 그림의 대상 가운데 일부를 과도하게 강조하거나 눈에 보이지 않는 본질을 애써 찾아내 그림으로 표현할 필요가 없었던 것이다. 결국 모든 그림에는 그림이 그려진 시대의 상황이 알게 모르게 드러나 있기 마련이다. 그래서 진정한 의미의 순수예술이란 존립하기 힘든 것인지도 모른다.

정직하고 성실한 삶, 있는 그대로의 삶, 이상하게 보이는 삶을 틀렸다고 생각하는 대신 다르다고 생각하는 관용과 모험의 정신. 이것이 17세기 네덜란드 사람들이 지향하는 삶의 가치였고, 이러

렘브란트의 하녀들

렘브란트는 아내가 죽은 후 하녀들과 사랑에 빠졌다. 그중 게르테라는 하녀는 렘브란트의 명성에 문제를 일으켜 정신병원에 감금되기도 했고, 다른 하녀 헨드리케는 렘브란트의 아이를 임신하여 교회 위원회에 간음죄로 소환되기까지 했다. 렘브란트는 재혼할 경우 전 부인의 재산을 관리할 수 없기에 그녀들과 재혼하지 않았다.

그는 하녀들의 초상화도 많이 그렸다. 어느 날 하녀의 초상화를 그리던 렘브란트는 지나가는 사람들이 실제처럼 착각하도록 그 그림을 창가에 걸어놓고 싶어 했다. 이후 이 작품을 구입한 사람이 작품을 서재에 걸어두었는데, 그의 서재를 방문한 손님이 진짜 소녀가 창가에 앉은 것으로 착각했다고 한다.

〈창가의 소녀〉

한 정신은 렘브란트의 그림 속에서 오늘날까지도 이어지고 있다.

　그러나 네덜란드 동인도회사의 가혹한 약탈의 대상이었던 식민지 인도네시아 사람들은 렘브란트의 그림 속에서 이러한 긍정적 가치들을 찾아낼 수 있을 것 같지 않다.

더치페이는 네덜란드인을 비꼬는 말이다?

우리는 흔히 누군가와 비용을 나누어 낸다는 말로 '더치페이(Dutch pay, 영미권에서는 go dutch)'라는 말을 사용한다. 여기서 더치(Dutch)란 '네덜란드의' 또는 '네덜란드 사람'을 의미한다. 그러나 언뜻 합리적으로 보이는 이 단어는 영국인들이 네덜란드인(Dutchman)을 비꼬는 데서 시작되었다.

17세기 네덜란드는 독립 이후 식민지 경쟁에 뛰어들면서 영국과 충돌하게 된다. 세 차례의 전쟁 끝에 네덜란드는 영국에 패했고, 영국은 이 과정에서 자신의 입지를 지키기 위해 네덜란드인들을 의도적으로 비방한다. 여기서 출발한 더치페이에는 자기만 생각하는 사람이라는 부정적인 의미가 담겨 있다. 'I'm a dutchman.'이라는 구어에 '내가 그런 짓을 하면 성을 간다'라는 의미가 내포되어 있는 것도 이러한 이유에서다.

07

뒤러

미켈란젤로가 닮고 싶어 한 화가

DÜRER

"제가 세상에서 가장 부러운 사람은 뒤러입니다.
저한테 황제 자리를 준다면 당장 도망치겠지만."

합스부르크 황제가 소원을 묻자 미켈란젤로가 한 말

횃불을 든 사람

○○○○○○○○○

14세기 이후 이탈리아에서 꽃을 피운 르네상스는 알프스 이북 지역으로 확산되어 북구 르네상스의 발전에 큰 영향을 미쳤다. 경제적 풍요를 이룬 이탈리아에서 전개된 르네상스가 세속적이고, 화려하고, 웅장한 느낌이었다면 경제적으로 다소 뒤쳐진 북구 르네상스는 종교적이고 소박하며 조금은 어두운 느낌을 지니고 있었다. 북구 르네상스 예술가들은 이탈리아 르네상스로부터 지적, 예술적 영향을 받은 상태에서 자신들 고유의 감성을 더해 독자적인 예술 사조로 발전시키려고 애썼다.

북구 르네상스를 대표하는 많은 예술가 가운데 알브레히트 뒤러Albrecht Dürer가 우뚝 서있다. 당대 최고의 북구 르네상스 화가였던 뒤러는 이탈리아 기법과 르네상스적 감성을 화폭에 그대로 재현했다. 또한 뒤러는 회화뿐 아니라 판화, 수학, 예술 이론의 분야에서도 대단한 업적을 남겼다. 뒤러는 미술에 관하여는 라파엘로, 다 빈치와 교류했고, 인문학자인 멜란히톤, 에라스무스 그리고 종교 개혁가 츠빙글리, 루터와도 교분을 나누었다. 이는 뒤러가 특정 분야의 전문가가 아닌 통섭 교양인으로 불리는 이유이기도 하다.

✣ 〈**자화상**〉 뒤러가 28세가 되던 해에 그린 자화상으로 그리스도의 이미지에 자신의 모습을 투영했다.

두 갈래 길에 서다

뒤러 집안은 헝가리에서 독일로 이주한 뒤에 뉘른베르크에 살았다. 15세기, 뉘른베르크는 이탈리아 르네상스의 대표 도시인 베네치아와 교역하며 경제적, 예술적 풍요를 누린 중세 도시였다. 뒤러의 부친은 뉘른베르크에서 금세공업에 종사하다가 출판업으로 전업하여 큰 성공을 거두었다. 뒤러 부친이 운영하던 출판사는 24개의 인쇄기를 갖추었으며, 독일뿐만 아니라 해외 여러 곳에 지점을 둘 정도로 규모가 컸다.

뒤러의 아버지는 아들이 금세공 장인이 되기를 원했기 때문에 어린 나이부터 뒤러에게 금세공 직업 훈련을 시켰다. 그러나 뒤러가 13살 되던 해에 그가 그린 은필銀筆 자화상은 그의 재능이 금세공이 아니라 그림에 있음을 입증했다. 그럼에도 뒤러는 금세

✦ 뉘른베르크에 위치한 뒤러의 집

✦ 〈성 요한 묵시록-네 기사〉 다양한 모양과 검은 선 하나만으로 40X28cm에 달하는 목판화를 정밀하게 구성해냈다.

공 도제徒弟 기간을 끝내고 당시의 관례대로 콜마르, 프랑크푸르트, 스트라스부르 등지를 4년간 돌며 편력직인(遍歷職人, 중세 시대 때 직인이 되기 위해 각지를 전전하며 떠돌아다니는 도제 수업을 하는 직인을 말한다) 경험을 쌓았다. 이러한 편력 직인 생활은 장차 장인이 되기 위해 꼭 필요한 과정이었다.

뒤러, 한 번도 본 적 없는 코뿔소를 그리다

뒤러가 그린 코뿔소는 인도에서 포르투갈로 스무 달 만에 건너온 왕을 위한 진귀한 선물이었다. 산 채로 도착한 코뿔소는 존재만으로도 환상 섞인 풍문이 됐고, 이때 많은 화가들이 희귀한 동물을 그리면 큰돈을 벌 수 있다는 생각에 코뿔소의 모습을 판화에 그렸다. 그때 희귀 동물에 관심이 많았던 뒤러도 코뿔소를 그리

〈코뿔소〉

기 시작했다. 뒤러는 오직 사람들의 소문에 의지해 〈코뿔소〉를 그렸다.

뒤러는 코뿔소 그림 한 편에 '색깔은 얼룩 반점으로 뒤덮인 바다거북과 같다'라는 문장을 남겼다. 하지만 그는 한 번도 실제로 코뿔소를 본 적이 없었다.

신에서 인간으로

OOOOOOOOO

1494년, 23세의 뒤러는 뉘른베르크에서 발생한 흑사병을 피해 이탈리아로 떠났다. 그곳에서 뒤러는 새로운 예술 사조를 보고 강한 충격을 받았다. 당시 이탈리아에서는 르네상스가 절정에 이르렀고, 고대의 유물이나 성경 등에서 제재를 얻은 역사화나 종교화가 주로 제작되고 있었다. 그곳에서 수채화, 데생, 드라이 포인트, 목각 및 조각동판화 등의 제작 기법을 익힌 뒤러는 이탈리아 미술에 흠뻑 젖어들었다.

뒤러는 뉘른베르크로 돌아온 뒤, 이탈리아 미술의 흔적이 드러나는 종교적 색채의 목판화나 제단화를 주로 제작하였다. 하지만 드물게 〈남자들의 목욕〉처럼 세속적 주제의 작품도 만들었다. 그동안 신에게만 쏠려 있던 관심은 점차 인간에게로 옮겨졌다. 이 시기 미술가들의 최대 관심사는 다름 아닌 인체였다. 그러나 사회적 제약은 인간의 사고만큼 빨리 변화되지 않는다. 그래서 당대 미술가들은 쉽게 인간의 누드를 그릴 수가 없었다. 그런 와중에 뒤러는 목욕탕이라는 소재를 사용하여 자연스럽게 인간의 육체를 표현해 내는 데 성공했다.

특히 뒤러는 인체의 정확한 소묘를 위해 많은 해부 공부를 하

✦ 〈기도하는 손〉 인체의 정밀 묘사를 위해 노력한 뒤러는 이 작품에서 그 결실을 맺었다.

였다. 완벽한 인체, 이상적 비례를 추구한 뒤러는 그의 작품 〈기도하는 손〉에서 그 결실을 맺었다.

서구 근대의 발전은 중세 권위적 기독교 세계의 속박에서 해방되는 세속화 과정이라고도 볼 수 있다. 사람들의 주된 관심이 당장 하루하루를 살아가며 맞닥뜨리는 힘겨운 현실이 아니라 죽음 이후의 삶과 하느님에게 집중된다면 이는 근대가 추구하는 세속적 인간의 심성과는 거리가 멀다. 세속적 인간의 심성이 발전할수록 모든 것을 주관하는 전능하신 하느님의 관념은 희미하게 될 것이 자명했다.

북구 르네상스의 발전으로 이러한 심성이 더욱 널리 퍼지게 되었다. 뒤러의 그림은 하느님을 전적으로 부정하지는 않지만 그럼에도 자유를 추구하는 개인으로서 인간의 모습을 담고 있었다. '신은 죽었다'라는 주장이 용납되기 위해서는 아직 몇백 년의 시간이 필요하였던 것이다.

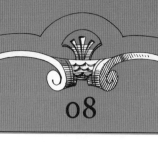

08

인상파

보이는 대로 그리는 사람들

IMPRESSIONIST

"그림이 걸려 있는 벽면의 벽지가 훨씬 더 완성도가 높아 보인다."

〈인상, 해돋이〉를 본 비평가 루이 르로이

벽지보다 못한 그림

○○○○○○○○

우리 사회에서 인상파라는 말은 일반적으로 좋은 의미로 다가오지 않는다. 이마부터 눈썹, 코 그리고 입술 등에 힘을 잔뜩 주고 무엇인가에 화나거나 짜증난 얼굴을 하고 있는 사람들을 가리켜 인상파라고 말하기 때문이다. 또한 우리나라는 첫인상을 중요하게 생각하기 때문에 웃는 얼굴로 다니라고 흔히 말하곤 한다. 이는 일반적으로 우리나라 사람들이 서양이나 일본 사람들보다 무의식적으로 인상을 가득 쓰고 생활하기 때문이기도 하다.

19세기 후반 서양 미술계에 나타나는 인상파라는 화풍도 사실 호의적인 시각에서 그러한 이름을 얻게 된 것은 아니었다. 1872년 클로드 모네가 〈인상, 해돋이〉를 발표했을 때, 비평가 루이 르로이는 이렇게 말했다.

"날로 먹는 장인 정신의 자유에 깊은 인상을 받았다. 그림이 걸려 있는 벽면의 벽지가 훨씬 더 완성도가 높아 보인다."

모네의 작품을 비꼬는 어투로 인상파라고 이름 붙인 것이 그 시작이 된 것이다.

✦ 〈인상, 해돋이〉 인상파, 인상주의라는 명칭의 시초가 된 모네의 작품

인상파에 빠지다

oooooooo

어느 순간부터 인상파 그림들은 서양뿐 아니라 우리나라에서
도 가장 인기 있는 미술 작품이 되었다. 서양미술에 대해 잘 모르
는 사람도 고흐, 고갱, 모네와 마네 등의 이름은 알고 있으며 꽤
많은 작품들을 구별한다.

우리나라 여행객들은 세계 3대 박물관 중 하나인 루브르 박물
관은 대충 보더라도 인상파 대가들의 그림을 잔뜩 소장하고 있는
오르세 미술관 관람에는 보다 많은 시간을 할애한다. 또한 요즈음
우리나라 큰 신문사들이 한국에서 빈번히 주최하는 특별 전시에
인상파 대표 걸작들의 모습이 자주 보이는데, 비싼 입장 비용에도
관람객들이 구름처럼 몰려든다.

그러나 우리나라 사람들만 인상파 그림을 좋아하는 것은 아니
다. 서양의 대중들도 좋아하는 그림을 꼽으라면 인상파 작품들을
앞 순위에 놓고 있다. 이는 크리스티나 소더비 같은 큰 경매에서
낙찰된 인상파 화가들의 그림값만 봐도 알 수 있다. 최근 한국에
서 가장 인기 있는 미술가인 박수근 화백의 대표 작품들은 십억
원대에서 거래된다. 하지만 인상파 대가들의 걸작은 대부분 수백
억 원대의 초고가로 거래되고 있다.

사람들은 무엇 때문에 인상파 대가들의 작품들이 그렇게도 거액의 가치를 지닌다고 판단하고 구입하는 것일까? 물론 거부들이 거액을 들여 걸작을 소장하는 이유에는 투자 가치 또한 빼놓을 수 없다. 위대한 인상파 화가들의 작품이 갖는 희소성은 가격을 천정부지로 올리는 중요한 원인이 된다. 하지만 희소성 있는 작품이라도 수준이 낮은 작품은 값싼 경우도 많다. 그러나 우리 눈에 익숙한 인상파 그림들은 경매의 시작 가격이 보통 수십억 원대가 넘으니 대부분 예술적으로 훌륭한 작품들로 평가되는 듯하다.

  우리 눈으로 보면 왜 걸작인지 모르겠지만, 현대 미술의 대가인 리히텐슈타인의 작품 〈행복한 눈물〉의 가격 역시 초고가였다. 예술적 작품성이 부족하다면 아무리 작전 세력이 개입하여도 고액으로 거래될 수 없다.

✦ 〈수련〉 클로드 모네의 작품으로 영국 일간지 데일리 스타에 초고가 작품으로 이름이 올랐다.

✦ 〈바티뇰의 아틀리에〉 전통적 미술에 반기를 든 이들은 마네파 혹은 바티뇰 그룹이라 불렸다.

빛 속에 머물다 간 사람들

○○○○○○○○○

서양 근대 미술의 역사에서 인상파 이전에는 사실적인 화풍의 그림들이 주류를 이루었다. 사물에 반사되는 빛의 명암을 정확히 묘사하고 원근법을 적용하여 대상을 완벽하게 재현한 그림들이 미술 사조의 주류를 형성했다. 반면 사실성이 부족한 그림은 작가

평론가와 칼부림을 한 남자, 마네

전통에 반기를 들었던 마네는 동료들에겐 우상이었지만 평론가들에게는 호된 질타를 받아야 했다. 1870년경, 평론가 루이 에드몽 뒤랑티는 마네에게 모욕적인 평론을 남겼고, 화가 난 마네는 그에게 결투를 신청했다. 두 사람은 생제르맹 숲에서 검을 들고 마주섰다. 그러나 검을 쓸 줄 모르는 두 사람은 서로를 향해 마

〈뒤랑티의 초상〉

구잡이로 검을 휘둘렀고, 결국 검이 엉망이 되고 나서야 싸움이 일단락됐다.

의 재현 묘사 실력이 부족한 증거로 평가되었다.

화가들은 대상을 가능한 사실적으로 그리기 위해 인체의 해부, 동식물의 세밀한 관찰과 소묘 연습, 적확한 풍경을 재현하기 위한 지형 연구 등을 필수적으로 공부해야 했다. 인상파 화가들 역시 이러한 기본 공부를 충실히 마쳤다. 그러나 그림에 대한 생각은 과거 사실주의 계보의 화가들과 달랐다.

인상파 화가들은 미술의 본질은 대상의 완벽한 재현이 아니라 대상에 대한 미술가의 느낌을 화폭에 옮기는 것이라고 주장했다. 그러니까 대상을 보고 느껴지는 순간의 인상을 그리는 것으로 화가의 작품은 완성될 수 있다는 주장이었다. 이런 인상파 화가들은 아틀리에에서 작업을 하는 것보다 야외에서의 그림 작업을 좋아했는데 살아 있는 순간은 작업장이 아니라 야외 현장에서 찾을 수 있었기 때문이다.

전통적 그림들이 담아내려던 아름다움이 아니라 한순간의 아름다움을 표현하기 위해 매진한 인상파들은 기존 미술계로부터 뭇매를 맞았다. 이들의 그림은 권위 있는 살롱전에서 배척당했다. 그러나 요동치며 격변하는 세상에서 과거의 전통적인 아름다움이 아닌 새로운 미를 추구한 인상파들은 새 사회의 주역인 대중들로부터는 호의적인 반응을 얻었다.

죽어 가는 아내의 얼굴을 그린, 모네

1860년대 모네의 작품 〈초록색 드레스〉와 〈정원의 여인들〉의 모델이었던 카미유는 모네의 아내가 되어 헌신을 다해 그를 보필했다. 그녀는 모네가 그림 작업에 몰두할 수 있도록 가족의 생계를 책임졌다. 하지만 자궁암에 걸려 1879년 9월 5일 서른두 살의 나이에 생을 마감하게 된다.

모네는 카미유가 숨을 거두는 순간까지도 손에서 화필을 놓지 못했다. 그는 죽음을 앞두고 변해 가는 그녀의 안색을 화폭에 담아내려 한 것이었다. 혹자는 이런 모네를 비판하지만 모네는 이렇게 말했다.

〈임종을 맞은 카미유〉

"나는 아내의 비참한 임종을 지켜보면서, 죽음이 아내의 굳은 얼굴에 부과하고 있는 색깔의 변화를 내가 거의 기계적으로 관찰하고 있음을 깨달았다. 우리의 곁을 영원히 떠나려고 하는 사람의 마지막 순간을 재현하고자 하는 욕망은 어찌 보면 자연스러운 일이다. 하지만 내가 그토록 아꼈던 그녀의 마지막 모습을 붙잡으려는 생각이 들기도 전에, 먼저 변화하는 그녀의 얼굴빛들에 대한 전율이 기질적으로 일어나기 시작했고, 내 의지와는 상관없이 반사적으로 나의 일상적인 삶의 흐름이 다시 회복되고 있었다. 나는 그 속에 빨려들 수밖에 없었다."

02

일상 속에 스며든 서양의 문화

찰나의 순간을 포착하다

०००००००००

세상살이가 너무도 빨리 변화해서 먼 미래를 계획하기 힘든 19세기 말, 프랑스에서는 한순간 아름다움을 포착하기 위해 전력을 다했던 인상파가 있었다. 그리고 그들이 남긴 그림들은 21세기 초인 오늘날에도 많은 사랑을 받고 있다.

한순간의 아름다움을 위해 모든 것을 걸었던 인상파의 그림들은 흔들리는 당대 사회의 현실적 가치관을 포착했다. 그러나 아쉽게도 흔들리는 삶을 살 수밖에 없는 우리 사회 속 대중들은 시간을 내서 인상파 대가들의 그림을 볼 마음의 여유가 없는 것이 현실이다.

여하튼 문화라는 것은 적대감을 초래하는 경제적, 정치적, 군사적 제국주의와 달리 우리 삶에 슬며시 스며든다. 그리하여 타인의 삶, 특히 서구 부르주아의 삶의 형태를 이상화하는 기능을 훌륭히 수행하고 있다.

09

축구

전쟁을 일으킨 스포츠

FOOTBALL

"나에게는 아직 두 팔이 있다."

불의의 사고로 한쪽 다리를 잃은 축구 선수 다리오 실바

TV 앞에 모인 사람들

∘∘∘∘∘∘∘∘∘

2011년 5월 29일 한국 시간으로 새벽 3시 30분 유럽 챔피언스 리그의 결승전이 영국 웸블리 경기장에서 열렸다. 유럽 축구에 열광하는 한국의 축구광들은 생중계로 경기를 지켜보기 위해 새벽 잠을 설쳤다. 박지성 선수가 있는 영국의 맨체스터 유나이티드 FC Manchester United FC와 메시가 있는 스페인의 FC 바르셀로나 FC Barcelona의 결승 경기였기 때문이다.

게다가 양 팀의 역대 전적은 3:3으로 경기는 더욱 흥미로웠다. 결과는 3:1로 메시가 결승골을 넣어 바르셀로나가 승리했다. 박지성 선수로 인해 우리에게 친근한 맨체스터 유나이티드에는 루니, 라이언 긱스, 디미타르 베르바토프 등의 훌륭한 선수들이 있었지만 축구 종결자 메시 한 명이 모두를 압도한 셈이었다.

우리는 언제부터 머나먼 영국 프리미어 리그의 최강팀 맨유 선수들의 이름과 족보를 꿰고, 그들의 유니폼을 기꺼이 입기 시작했을까? 약 35년 전 축구의 본고장 유럽 독일 분데스리가에는 갈색 폭격기로 불렸던 차범근 선수가 있었고, 우리가 알고 있는 선수는 월드컵에서 명성을 날린 소수였다. 그렇다면 오늘날 우리는 어떻게 많은 유럽 축구 선수들의 이름을 알게 되었을까?

02
일상 속에 스며든 서양의 문화

✦ 붉은 악마의 응원 모습

오늘날은 세계화 시대, 지구촌 시대라는 사실이 이러한 현상을 설명해 줄 수 있는 하나의 이유이다. 과거를 돌아보면 큰 전쟁의 시대에는 위대한 군인, 평화의 시대에는 대단한 기업인, 놀이꾼들이 명성을 떨쳤다. 이러한 논리로 보면 제2차 세계대전이 초래한 재앙에서 교훈을 얻은 지구촌은 대규모 전쟁을 비껴가는 지혜의 일환으로 축구라는 놀이 문화를 찾은 것이 아닐까 싶다.

그 결과 산업화 시대에서는 상상도 할 수 없을 정도로 대중예술인이나 프로 운동선수가 우리의 삶에 커다란 영향을 미치고 있는 현실을 부정할 수 없다.

서민 놀이 문화에서 세계 문화로

오늘날 가장 많은 지구촌 사람들이 좋아하는 스포츠 종목은 축구임에 틀림없다. 축구 경기 관람을 위해 많은 사람들이 시간과 돈을 들이며, 승부에 집착해 경기장에서 난동을 부리기도 한다. 심지어 축구 경기를 계기로 국가 사이에 전쟁이 벌어진 경우도 있다.

국제축구연맹 FIFA는 4년마다 한 번씩 월드컵 대회를 개최한다. 이를 유치하기 위해 개최 신청국들이 들이는 공은 어마하다.

✦ 오늘날 인기 있는 스포츠인 축구는 기념품 또한 즐비하다.

아시아에서는 2002년에 처음으로 우리나라와 일본이 월드컵을 공동 개최했다. 우리나라도 천문학적인 비용을 들여 월드컵 대회를 분산 주관했는데, 2주에 걸친 월드컵 대회를 마치고 결산을 해보니 흑자였다고 한다. 정말로 많은 사람들이 축구 경기 관람을 위해 상당한 비용을 들이는 것을 알 수 있다.

서민적인 놀이 문화였던 축구는 오늘날 전 세계인이 함께하는 문화로 자리 잡았다. 축구가 황금알을 낳는 거위가 된 셈이다. 그러나 축구조차 돈벌이의 수단으로 변질되어 서구 자본주의 사업가들의 수완에 놀아난 측면도 배제할 수 없다.

호화로운 스포츠

역사적인 관점에서 보면 축구는 동서양을 막론하고 고대古代부터 사람들이 즐겨 한 놀이였다. 중국에서는 한漢 대에 발로 둥근것을 찬다는 의미의 축국蹴鞠 놀이가 있었다. 신분이 높은 사람들이 특히 좋아했으며, 제기차기의 유래를 여기에서 찾기도 한다.

축구 전쟁

1969년 엘살바도르와 온두라스, 두 국가 사이에 벌어진 5일간의 전쟁을 말한다. 월드컵 예선전에서 붙은 시비가 원인이라고 하지만, 실질적인 이유는 정치적인 갈등 때문이었다. 국경을 마주하고 있는 두 나라는 영토 문제, 경제 문제, 이민자 문제에서 벗어나지 못했고 축구 경기를 계기로 불거지면서 전쟁으로 심화되었다. 전쟁은 미주 기구의 중재로 엘살바도르군이 온두라스에서 철수하면서 끝났으나 이후에도 갈등은 지속되었다.

과테말라
카리브 해
•온두라스
•엘살바도르
니카라과
북태평양

고대 로마 시대부터 중세를 거쳐 근대에 이르기까지 돼지의 오줌보나 가죽으로 공을 만들어 발로 차는 공놀이는 변함없이 인기가 있었다. 서양에서는 신분이 높은 사람들이 말을 타고 공놀이를 했는데, 이는 기사들의 승마 훈련 용도로 사용될 수 있었다. 한편 신분이 낮은 보병들은 평지에서 발로 공을 찼는데, 이 역시 군사 훈련을 염두에 둔 것이었다.

축구는 그 역사가 깊은 운동인 만큼 대륙, 국가, 지역마다 관련 규정이 달랐다. 이에 따라 각기 다른 규정들을 조정하여 축구의 세계화를 위한 표준 작업이 필요해졌다. 무엇이든 표준화, 동질화하려는 시도는 자본주의가 탁월하게 잘하는 방식 중 하나이다. 개성이 강한 개인들을 규격화, 표준화시켜 공장 생산에 적합한 노동자로 만들 듯 축구 규정의 표준화 작업은 산업혁명의 선도국인 영국에서 시작되었다.

영국의 전통 있는 명문 사립학교인 이튼 칼리지와 럭비 스쿨은 초창기에 축구에 관한 자기 방식의 규정을 고집했다. 양교가 시합을 할 때 전반은 이튼의 규정을 적용하고, 후반은 손을 사용할 수 있는 럭비의 규정을 적용한 것이다. 이런 우스운 경기 규정을 돌아보면 축구의 세계화를 위해 규정의 통일이 반드시 필요했음을 알 수 있다.

✦ 중국 송나라 시대 축국 놀이를 하고 있는 모습

21세기 우리나라에서 영국 축구의 인기가 갑자기 올라갔다. 국내 K리그의 경기를 보며 축구의 현란한 기술과 박진감에 아쉬움을 느낀 사람들은 유럽 축구를 생중계로 보며 빠져 들었다. 이러한 현상은 축구의 세계화와 무관하지 않으나 선진 스포츠 문화의 지배력을 보여 주는 것 같아 씁쓸하다.

우리나라의 축구 역사

영국을 기반으로 하는 근대 축구가 우리나라에 전파된 것은 1882년으로, 인천항에 상륙한 영국 군함 플라잉 호스(Flying Horse)의 승무원들을 통해서였다. 오늘날처럼 국제적으로 통용되는 규칙에 의해 경기가 열리기 시작한 것은 1920년대부터이다. 그리고 1933년에는 조선축구협회가 창립되었다.

누구나 즐길 수 있는 축구는 큰 인기를 얻었고, 1929년부터 시작된 경성축구단과 평양축구단의 친선축구시합인 '경평축구대회'는 축구에 대한 관심을 더욱 증폭시켰다. 우리나라는 해방과 동시에 국제축구연맹 FIFA에 가입했고, 1954년에는 아시아축구연맹의 정식 회원국이 되었다.

10

골프

홀인원을 꿈꾸는 사람들

GOLF

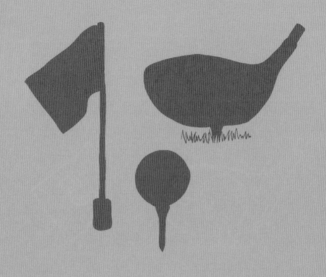

"위대한 플레이일지라도 여러 차례 패하는 것이 골프이다."

골프 선수 게리 플레이어

태초부터 중독적인 스포츠

◦◦◦◦◦◦◦◦◦

PGA 소속인 '탱크' 최경주 선수가 3년간의 침묵을 깨고 2011년 5월, 플레이어스 챔피언십에서 우승했다. 이 대회 우승 상금으로 10억 원이 넘는 큰돈을 받은 최경주 선수는 상금의 일부를 토네이도로 재난을 겪은 사람들에게 기부하는 선행을 펼쳐 더욱 칭송을 받았다.

골프 메이저 대회의 우승자로서 국제적으로 명성을 쌓은 우리나라 여자 골프 선수로는 박세리, 박지은, 신지애 등이 있고 남자 선수로는 양용은이 있다. 최근 박인비 선수는 2013년 4월, 크래프트 나비스코 챔피언십에서 우승한 이후 33주 연속 세계 랭킹 1위를 지키며 한국의 골프 위상을 높이고 있다.

골프를 즐기는 사람들은 골프와 인생이 많이 닮았다고 한다. 마음을 비우지 않으면 움직이지 않는 골프공을 원하는 지점으로 보낼 수 없으며, 규정보다 적은 타수로는 공을 홀에 넣을 수 없다고 한다. 인생도 마음을 비우지 않으면 원하는 방식으로 살아가지 못하며, 적은 노력으로는 목적을 달성하기 힘들다는 이야기인지 모르겠지만 골프를 좋아하는 사람들은 골프와 인생을 어떤 방식으로든지 연결시키는 경향이 있다.

김영삼 정부 시절에는 많은 공직자들이 과도하게 골프를 즐겨 대통령이 재임 기간 동안 골프를 치지 않겠다고 선언했다. 그리고 공직자들에게도 골프 금지를 지시한 적이 있다. 그러나 사람들이란 좋아하는 것을 강압으로 못하게 하면 어떤 수단을 써서라도 꼭 하려고 하기 때문에 금지령을 무시하고 골프를 하다가 불이익을 받은 고위 공직자들도 꽤 많았다. 신분상의 불이익을 감수하고도 골프를 중단하지 못한 공직자들이 많았으니 '골프는 태초부터 중독적인 스포츠임이 틀림없다'라는 어느 골프 학자의 말처럼 골프는 한번 빠져들면 벗어나기 쉽지 않은 운동임이 확실하다.

TALK ON

꼴찌에게도 상을 주는 골프 대회

꼴찌들에게도 상을 주는 인정 넘치는 대회가 있다. 바로 골프 대회다. 부비상(Booby Prize), 부비 메이커상이라는 것인데, 부비상은 꼴찌에서 두 번째 순위를 기록한 사람에게 주는 상이고, 부비 메이커상은 바로 꼴찌에게 주는 상이다. 우리나라의 위로상 정도로 볼 수 있다. 'Booby'란 '바보, 멍청이'라는 뜻으로 최저 스코어를 낸 골퍼에게 참패감을 위로하고 격려하는 의미로 주는 것이다

양치기들의 놀이

ㅇㅇㅇㅇㅇㅇㅇㅇ

골프의 시원은 부유한 사람들의 여가 보내기용 놀이는 아니었다. 스코틀랜드의 양치기들은 몽둥이나 막대기 또는 곤봉을 가지고 멀리 있는 구멍에다 공을 집어넣으며 놀았는데, 이것이 흔히 알려진 골프의 시원이다.

서양의 경우에는 1297년 2월 26일, 막대기로 가죽 공을 때려 목표물을 최소 타수로 맞추면 승자가 되는 놀이가 네덜란드의 로에넨 안 데 베히트시에서 열렸다고 주장한다. 그러나 문헌상으로는 1457년, 스코틀랜드에서 손으로 때리기를 의미하는 고프(Goulf, 골프의 어원) 놀이 금지 법령이 그 시초이다.

또 다른 설은 1452년 제임스 2세가 군인들이 활쏘기 연습을 빼먹고 골프를 친다며 금지령을 내렸다는 것이다. 또한 다소 억측이지만 골프는 '신사만, 숙녀는 불가Gentlemen Only, Ladies Forbidden'라는 말을 줄인 것이라는 주장도 있다.

✦ **페더리(Featherie)** 15세기 영국에서 소나 말의 가죽으로 된 작은 주머니 속에 거위의 털을 넣어 공을 만들었는데 이것이 골프공의 시초이다.

✦ 〈명선종행악도〉 명나라 황제가 추환 놀이를 하고 있는 모습

　중국에서도 골프와 비슷한 놀이가 있었다. 2005년 중국의 한 학자는 발굴 증거를 통해 스코틀랜드에서 골프가 언급되기 500년 전인 당唐 대에 비슷한 놀이가 있었다고 주장했다. 송宋 대《동헌록東軒錄》과 당시 그림은 추환捶丸이라는 놀이를 소개하고 있다. 이는 오늘날 골프 클럽과 비슷한 10개의 몽둥이를 사용하여 구멍에 공을 넣는 경기였다고 한다.

로얄 스포츠
○○○○○○○○○

땅은 좁고 산지는 많아 인구밀도가 세계 최상위권인 우리나라에서는 넓은 초원을 필요로 하는 골프장에서 골프를 즐기기에는 무리가 있다. 더구나 잔디 관리를 위해서는 엄청난 농약의 사용이 불가피하기 때문에 환경오염 문제까지 제기되어 골프장을 건설할 때마다 사회적 위화감과 저항감이 발생한다.

그러나 미국은 워낙 넓은 땅덩이를 가졌기 때문에 보통 사람들도 9,700곳 이상의 골프장에서 많은 비용을 들이지 않고 골프를 즐긴다.

서양 문물을 받아들이는 데 앞장선 일본은 1903년 고베에 첫 골프장을 만들었다. 경제 불황과 더불어 서구와 불편한 관계를 맺었던 1930년대에도 일본에는 23곳의 골프장이 있었다.

✦ 광활한 골프장을 건설하기 위해서는 수십만 평의 대지에서 수백 종의 식물을 모두 거둬 내야 한다.

제2차 세계대전 이후에는 경제 부흥과 더불어 일본의 골프 열기는 뜨겁게 타올랐고, 2013년 현재 일본에는 2,400여 개 이상의 골프장이 호황을 누리고 있다.

재미있는 것은 세계 골프장 4만여 개 가운데 90%가 OECD 국가에 있는 것이다. 역시 골프는 먹고사는 데 여유 있는 사람들이 즐길 수 있는 운동인 듯하다.

개천에서 용 나는 시대의 종식

21세기 대한민국에서 골프는 인생 역전과 성공 신화를 꿈꾸기에 딱 들어맞는 운동이다. 인생과 골프가 참 닮았다는 주장은 이 점에서 안성맞춤이다. 1990년대 후반 우리나라가 국가 부도 위기라는 우울한 상황 속에서 IMF로부터 구제 금융을 받고 연명할 때, 박세리 선수의 LPGA 메이저 대회 우승 소식과 '땅콩' 김미현 선수의 승전보를 전해 들으며 희망을 키운 것이 사실이다.

이 선수들은 가난한 집안 출신인 데다가 불리한 신체적 조건을 극복하고 우승이라는 대단한 성과를 일구어냈다. 게다가 돈도 많이 벌었으니 아메리칸 드림에 딱 들어맞는 모델이 되기 충분했다.

이후에는 박세리 키즈라는 여자 선수들이 LPGA 대회를 휩쓸어 미국에서 여자 골프가 인기를 잃은 원인을 제공할 정도가 되었다.

여자 선수들의 활약에 이어 정규 골프장에서 훈련을 받지 못하고 골프 연습장에서 공을 칠 수밖에 없었던 가난한 최경주와 양용은 선수의 PGA 우승 소식은 국민을 다시 한 번 열광케 했다. 게다가 최경주 선수는 거액의 상금으로 장학 재단을 세웠는데, 이때 골

격구와 사랑에 빠진 왕들. 정종과 세종

우리나라에 근대 골프가 들어온 것은 1900년경 원산의 세관에서였으며 이후 일본인들에 의해 본격적으로 전파된 것으로 알려져 있다. 그러나 《조선왕조실록》을 보면 선조들은 그 이전에 이미 골프와 유사한 경기를 즐겨 하고 있었다. 이 경기의 명칭은 격구인데 흔히 격구라 하면 말을 달리며 둥근 고리가 달린 채로 공을 쳐서 상대방의 골문에 넣는 경기를 말한다. 하지만 날씨가 춥거나 땅이 좋지 않아 말이 달릴 수 없을 때는 바로 이 골프와 유사한 형태의 격구를 즐긴 것이다.

특히 세종은 신하들과 보행격구를 즐겨 했으며 점수가 가장 높은 사람에게는 임금이 타는 내구마 한 필을 선물로 주기도 했다. 또한 정종은 정사는 종친들에게 맡겨두고 매일같이 격구를 즐겨해 신하들의 원망을 사기도 했다. 그러나 이에 굴하지 않고 "과인(寡人)이 병이 있어 수족이 저리고 아프니, 때때로 격구를 하여 몸을 움직여서 기운을 통하게 하려고 한다." 하며 격구를 손에서 놓지 않았다.

0
2
일상 속에 스며든 서양의 문화

✦ 골프는 흔히 인생과 비교되곤 한다.

프에 인생을 전부 걸겠다는 어린 학생들이 부지기수로 늘어났다.

그런데 주목할 현상은 최근에 들어서 가난한 집안 출신의 선수들이 개천에서 용이 되기가 점점 더 어려워진다는 사실이다. 우리나라에서 골프는 워낙 비용이 많이 드는 운동이다. 또 어린 나이에 전문 코치로부터 체계적인 훈련을 받아야 대성할 수 있다는 소문 때문에 학업에 큰 관심을 보이지 않는 부유한 집안의 자녀들이 골프에 몰리고 있다. 어느 분야에서든지 집안이 장기간 뒷받침해주지 않는다면 설령 재능을 타고 난다 해도 성공하기 힘든 시대가 되었으니 우리 사회는 탄력을 잃고 있는 것이 분명하다.

이러한 현상은 전문 직업 집단에서 더 분명하게 나타난다. 50년 전이라면 새파란 젊은이라도 사법시험에 합격한 다음 곧 영감님 소리를 들을 수 있었다. 하지만 지금은 사법 연수원을 끝내도 법조계에서 적절한 일자리를 찾지 못하는 경우가 다반사다. 오랜 세월 인턴, 레지던트 과정을 끝내고 전문의 자격을 가진 의사가 일반 개인 병원에서 겨우 일자리를 찾았다고 안도의 한숨을 쉬는 현상은 더 이상 뉴스거리가 아닌 세상이 된 것이다.

당국은 법조인과 의료인의 수를 늘려 일반 국민들이 전문직의 서비스를 저렴한 가격에 받을 수 있게 만들겠다는 전문직 인력관리 정책을 내놓은 바 있다. 그리고 사회적으로 별 문제가 없는 홀

류한 정책으로 평가되었다. 하지만 이 정책의 결과는 희한하게도 대대로 법조계나 의료업에 종사하는 사람들의 자녀들이 같은 업종에 자리 잡는 데 유리한 출발점을 확보할 수 있게 해 주는 구실을 마련해 주었다.

반면 바닥 출신들은 자기 몫을 차지하기 힘든 세상이 우리 주변에 뿌리내렸다. 그리고 앞으로도 이러한 추세는 더욱 심해질 것 같으니 가난한 집안의 자녀들은 빈곤을 대물림할 가능성이 높아졌다. 이젠 떡볶이 장사 출신의 대통령이 자신의 과거를 인생의 훈장으로 언급하는 일은 전설로만 여겨질 뿐이다.

11

와인

천 개의 얼굴을 지닌 술

WINE

"한 병의 와인에는 세상의 어떤 책보다
더 많은 철학이 들어 있다."

수학자 블레즈 파스칼

포도주 VS 와인

○○○○○○○○○

어느 순간부터 사람들은 '포도주'라는 말보다 '와인'이라는 말
이 고급스럽다고 생각하기 시작했다. 그래서 우리나라 사람들이
비교적 오래전부터 맛보던 마주앙Majuang 같은 국산 포도주는 정
통 프랑스 와인과 비교해 한 등급 떨어지는 것으로 여겨졌다.

이러한 현상의 시작은 해외여행 자유화 이후에 나타난 듯하다.
초기 여행자들은 면세점에서 구입한 조니워커나 발렌타인 같은
스카치 위스키류, 특히 박정희 대통령이 즐겨 마신 시바스리갈 같
은 브랜드 양주를 최고의
귀국 선물로 가져왔다.

그러나 해외여행이 점
차 자유로워지고 즐기는
사람들이 늘어남에 따라
귀국 선물 역시 변화했
다. 루이비통, 구찌, 에르
메스 같은 명품 브랜드
가방이 등장했고, 빈티
지 와인이라는 포도주도

✛ 와인을 제조하는 중세 시대 사람들

선을 보이기 시작했다. 이러한 분위기에 발맞춰 전문적으로 와인을 감별하는 일을 직업으로 삼는 소믈리에도 등장했다.

와인을 동경하다

서구 문화에 대한 동경이 커지자, 우리 사회에서 와인에 관한 지식은 또 하나의 권력이 되었다. 먹고사는 기본 문제와 별 관련이 없다고 생각하는 사람들은 고급 서구 문화를 남보다 일찍 받아들여 해당 분야의 전문 지식을 쌓기를 바란다. 그들은 이것이 멋진 삶을 위해 중요하다고 주장한다. 뿐만 아니라 대규모 언론사들조차 주말 특집 지면을 늘려 여행지에서 먹고, 마시고, 즐기는 소개에 열을 올리고 있다.

이러한 분위기 속에서 맛집을 찾아다니는 식도락 여행이 새로운 여가 문화로 자리 잡았다. 심지어 자가용과 사람들로 붐비는 주말마다 맛집을 찾아다니느라 녹초가 된다고 많은 젊은 가장들이 고백할 정도이니, 우리 사회에서는 노는 일도 힘든 노동이 되고 있는 중이다.

그러나 다양한 여가 활동은 개인적인 차원에서 살아가는 데 도

와인 이야기

와인 탄생 이야기는 흥미롭다. 원숭이가 포도를 따서 먹다가 남은 포도송이를 바위 속에 감췄고, 이 포도송이가 으깨져 포도즙이 만들어지고 발효가 되었다. 이것을 물인 줄 알고 마신 원숭이가 기분이 좋아져 흥얼거리는 모습을 본 사람들이 와인을 만들어 먹기 시작했다는 것이다. 또 다른 이야기는 고대 시대 페르시아 셈시드 왕의 왕비가 두통으로 고생하던 중 와인을 마시고 생기를 되찾자, 왕도 와인을 즐겨 마시게 된 것이 와인의 시작이라는 것이다.

로마 제국 시대에는 전염병 예방을 위해 군인들에게 물 대신 세균에서 안전한 와인을 공급했고, 플라톤은 와인을 '신이 인간에게 준 최고의 선물'이라고 극찬했다. 한편 부르고뉴 수도자들은 '가장 높은 언덕에서 난 와인은 교황을 위하여, 중간 사면에서 생산된 와인은 추기경들을 위하여, 낮은 지대에서 만든 와인은 주교들을 위해 보관해 둔다'라는 말을 남겼다.

이집트 벽화에 드러난 와인의 재배 모습

움이 될 것이라고 믿는다. 세상살이에서 경험보다 중요한 것은 없으니 말이다. 한걸음 더 나아가 이러한 여가 문화는 장차 우리나라 여가 문화 발전에도 기여할 것이라고 생각한다.

OECD 국가 가운데 노동시간이 가장 길었던 우리나라도 점차 주 5일제 근무가 정착되며 여가 시간이 늘어나고 있는 추세이다. 이러한 여가 문화의 정착과 함께 와인은 새로운 문화 트렌드일 뿐 아니라, 웰빙을 지향하는 삶과 밀접한 관계가 있다고 알려지며 더 많은 관심을 받고 있다.

유구한 역사를 자랑하다

고고학자들은 구소련 그루지야 연방(현재의 조지아)의 슐라베리에서 발견된 질그릇 항아리 안에서 와인을 보관한 흔적을 찾았다. 연대를 추정한 결과 약 8천 년 전의 것으로 판독되었고, 학자들은 이를 인류가 최초로 와인을 마신 증거로 삼았다.

발칸 반도에서는 기원전 4,500년 즈음 와인의 흔적이 발견되었으며, 투탕카멘 시대 이집트에서 발견된 두 손으로 잡는 항아리 Amphoras 속에서 와인을 보관한 증거가 발견됐다. 고대 그리스와

+ 암포라 고대 시대에 널리 쓰였던 항아리로 와인이나 곡식의 저장용으로 쓰였다.

일상 속에 스며든 서양의 문화

✦ 예수가 물을 포도주로 바꾸는 기적을 행하는 모습

로마 시대에 이르러 와인은 일상용품이 되었다.

그리스 신화의 디오니소스와 로마 신화의 바커스가 와인을 관장하는 신이었음은 잘 알려진 이야기이다. 예수님도 최후의 만찬에서 제자들에게 와인을 당신의 피라고 일렀고, 이후 가톨릭은 성체 의식에서 와인을 사용한다. 일부 기독교는 세례식 때 와인을 마시면 취할 수 있다고 생각해서인지 과일 주스로 대신하기도 했다. 유대교도 안식일, 유월절, 초막절 등을 기리는 예식 때 와인을 썼다.

인도에서는 마우리아

왕조 때 황제 찬드라굽타의 재상 카우틸랴(또는 차나키아)가 와인에 대한 기록을 남긴 바 있다. 중국의 신장에서도 기원전 2천 년과 1천 년 사이에 와인의 흔적이 발견된 바 있다. 이슬람은 술을 금하는 코란의 가르침이 있으나, 이란과 아프가니스탄에서는 1979년 이슬람 혁명 전까지 와인 산업이 번창했다. 이러한 사례를 볼 때 인류는 오래전부터 전 세계에 걸쳐 와인을 즐겨 마셨음을 알 수 있다. 비록 일찍부터 포도 이외의 다른 과일로도 와인을 만들어 마셨지만 주류는 역시 포도로 만든 와인이었다.

땀방울로 얼룩진 와인

인류가 일찍 문명을 열었던 지역들은 지진, 화산의 폭발이 잦은 화산대 지역들과 겹친다. 위험한 지질 조건이 인류의 문명 발전에 결정적인 역할을 한 까닭은 지표로 분출된 용암에 금속 성분이 많이 섞여 있었기 때문이다. 인류는 이를 기반으로 문명 발전에 필요한 금속을 제련하여 금속 도구를 만들고 문명을 이룩했다.

와인의 주원료인 포도를 재배 할 수 있는 지역은 식생 기후 조건으로 위도의 제한을 받는다. 와인의 생산과 소비는 문명의 발전

지역과 근접할 수밖에 없으므로 포도 재배도 여러모로 위험에 노출되어 있었다. 서양 고대 시대의 노예들은 갱도 안에서 생명을 걸고 작업해야 하는 광산 노동과 뙤약볕 아래에서 장시간 일해야 하는 포도 농장 일을 가장 힘든 일로 꼽았다.

그리스 폴리스와 로마 공화정 시대에는 와인이 일상 음료가 되자 늘어난 수요를 맞추기 위해 대규모 포도 농장이 조성되었다. 특별한 장비 없이 오직 인간의 노동으로 대규모 포도 농장이 가동되어야 했으니 가혹한 노동이 없었다면 포도를 대량으로 재배할 수 없었다. 고온건조일수록 당도가 높은 포도가 생산되는데, 달콤한 맛과 은근한 향을 내뿜으며 우아한 색깔을 지닌 와인을 만들기 위해 많은 사람들이 뜨거운 땀방울을 감내했음을 알 수 있다.

와인은 19세기에 이르러 세계 도처에서 생산되었다. 한편 유럽에서는 가장 건조한 남유럽의 일부 지역을 제외하고 대부분 지역에서 포도나무 해충이 들끓자 포도나무들을 몰살시킨 일도 있었다. 이로 인해 포도나무를 다시 심고 가꾸는 일은 유럽의 주요 국책 사업 중 하나였다.

커피나 코코아, 설탕 등과 같은 기호 식품의 대규모 공급뿐 아니라, 서구인들의 주 음료인 와인의 공급을 맞추기 위해 많은 사람들이 고생을 한다. 다만 안타까운 것은 대규모 포도 생산 지역

✢ 세계적인 와인 생산지로 유명한 프랑스 보르도

에서 직접 일하는 농부들은 정작 자신들이 생산한 와인을 제대로 즐길 수 없다는 사실이다. 와인을 통해 삶을 즐길 여유가 있는 우리나라 사람들은 외국의 포도 농장에서 힘들게 일하는 농민들에게 고마워해야 한다.

백년 전쟁과 와인

백년 전쟁은 1337년부터 1453년까지 프랑스와 영국이 휴전과 전투를 되풀이하며 지속한 전쟁이다. 영국의 에드워드 3세는 프랑스 경제를 혼란에 빠뜨리기 위해 플랑드르에 수출하던 양모 공급을 중단했고, 프랑스의 필리프 6세는 프랑스 안의 영국 영지인 보르도와 가스코뉴 지방의 몰수를 선언했다.

이 과정에서 프랑스 당국이 영국으로 수출되는 보르도 와인에 대한 세금을 인상하자 보르도 유지들이 이에 발발, 영국군의 귀환을 부탁했고 탈봇이 군대를 이끌고 상륙했다. 그러나 전황은 이미 프랑스 쪽으로 기울어졌고, 보르도는 프랑스의 영토가 되었다. 세계적인 와인 생산지로 유명한 보르도는 오늘날까지 명성을 구가하고 있다.

12

치즈

신기한 노란 색종이

CHEESE

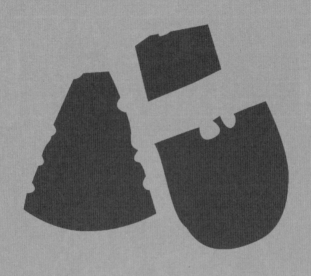

"수천 종류의 치즈를 만드는 나라는
다른 나라에 지배당할 수 없다."

프랑스 전 대통령 샤를 드골

지구에서 가장 오래된 발효 유제품

ooooooooo

1960년대 후반 강원도 주문진에서 오징어 채낚기 어선 선주의 아들이 서울로 유학을 왔다. 지금도 그렇지만 당시에도 주문진은 울릉도와 함께 오징어 수확량이 높은 지역으로 경제적인 여유가 있었다. 서울에서 고등학교를 다니게 된 선주의 아들은 점심으로 하숙집 도시락을 먹고 다녔다. 쌀밥 위에 계란 프라이를 얹어 놓고 반찬으로 볶은 멸치, 어묵이 담긴 도시락은 훌륭했다.

그런데 주문진 유학생이 서울깍쟁이 짝의 도시락을 슬쩍 보니 무엇인지 알 수 없는 사각의 노란 색종이 같은 것이 보였다. 흰 쌀밥 위에 놓여 있는 그 노란 색종이가 무엇인지, 맛은 어떨지 참 궁금했다고 지금도 말하곤 한다. 알고 보니 그 사각의 노란 색종이는 미군 부대 PX에서 흘러나온 슬라이스 치즈였다.

40년 전 우리나라에

✝ 치즈를 제조하고 있는 중세 시대 사람들

+ 다양한 종류의 치즈. 시계 방향으로 체더 치즈, 고르곤졸라 치즈, 모짜렐라 치즈, 가공 치즈

서 치즈는 바나나, 오렌지와 함께 맛보기 힘든 귀한 외국 음식이

었다. 보릿고개가 존재하던 1960년대, 햄이나 소시지 등의 축산

가공품이나 우유, 요구르트 같은 유제품들은 부유한 사람들이나

맛볼 수 있던 귀한 음식이었다.

치즈와의 첫 만남

우리나라에서 일찍 치즈를 생산해 유명세를 탄 곳은 전북 임실이다. 무·진·장(전라북도의 무주군, 진안군, 장수군을 합쳐서 일컫는 말)이라는 산간 지역의 특성 때문에 논농사로 재미를 보지 못한 임실의 소득원을 바꾼 주역은 벨기에 출신의 지정환 신부였다. 논농사에 불리한 지리 조건에서 발상을 바꾸니 오히려 치즈 생산에 유리한 조건을 갖춘 곳이 임실이었던 것이다. 1967년 이래 입소문으로 이름을 알린 임실 치즈는 40여 년의 시간이 흐른 뒤 2011년에 이명박 전 대통령이 여름 여행지로 추천할 만큼 명품 도시로 성장했다.

+ 임실 치즈가 10여 년 만에 본격적인 생산에 성공했음을 알리는 기사. 《동아일보》 1977년 9월 29일자

오늘날 우리나라는 칼슘 성분을 강화한 우유, 치즈, 플레인 요구르트 등의 유제품을 생산하고 있다. 유제품이 동네 슈퍼나 대형 마트에서 흔해진 까닭은 값싼 중국산 곡물과 사료가 국내로 대량 수입되기 때문

일상 속에 스며든 서양의 문화

0
2

이다. 유제품을 쉽게 접하면서 성장한 젊은 세대들의 신장은 앞세대와 비교해 더 커졌고 몸무게도 더 나간다. 젊은 세대의 체형이 서구화되고 있는 것이 사실임을 알 수 있다.

우리가 먹는 것이 바로 우리 몸이라는 사실은 심지어 동물의 경우에도 해당된다. 과거 사람들이 먹다가 남긴 음식을 먹고 자란 진돗개와 사료를 먹고 자란 진돗개의 몸집에 상당한 차이가 나타났다. 사료를 먹고 큰 요즘 진돗개들의 키가 과거 진돗개의 키보다 크다고 한다. 옛날 진돗개보다 요즘 진돗개들의 앞발과 뒷발이 길다는 말이다.

곰팡이가 피어도 버리지 않는 음식

우리나라 경제가 꾸준히 성장하면서 먹거리에 여유가 생기자 육식보다는 채식, 절 음식 등을 추구하는 분위기가 확산되고 있다. 음식도 올바르게 궁합을 맞추어 먹어야 한다는 웰빙 문화가 대세를 이루기 시작했다.

그렇다면 우리나라 사람들은 보통 어떤 경우에 치즈를 먹을까? 과거 스위스의 농부들이 긴 겨울을 견디기 위해 먹었던 퐁듀는 우리나라 사람들의 입맛과 맞지 않을 가능성이 높다. 때문에 아무래도 우리나라에서 치즈는 와인과 먹을 때 가장 궁합이 맞는 음식으로 인식되는 편이다.

우리나라 유제품의 역사

우리나라 문헌에서 우유에 관한 내용은 찾을 수 없으나, 일본의 자료에 따르면 백제인 복상이 효덕천황에게 우유를 하사했다는 기록이 있다. 이를 보아 우리나라는 삼국 시대부터 우유를 섭취했다고 추정할 수 있다. 고려 명종 때 우유에 열을 가해 농축시킨 식품인 '수'의 등장을 시작으로, 고려 우왕 때는 우유를 공급하는 '유우소(乳牛所)'의 설치, 조선 시대에는 우유로 만든 '낙죽'이 등장한다. 이러한 역사적인 배경을 바탕으로 1967년에는 지정환 신부가 전라북도 임실에서 본격적으로 치즈를 생산했다.

특권계층만이 향유할 수 있었던 유제품

세종대왕은 특권계층을 위한 유우소의 폐단이 커지자 이를 폐지했고, 숙종 때는 왕이 특별히 하사한 낙죽 외에는 유제품을 먹지 못하게 하는 등 유제품은 왕족을 비롯한 일부만 소비하는 고급 음식이었다. 때문에 구한말 시대 사람들이 우유나 치즈를 생소하게 여겼던 것도 이상한 일이 아니다. 메이지유신 이후 서구의 식습관인 유제품 소비를 권장한 일본인들이 우리나라로 이주하면서 점차 목장이 들어섰고, 1960년대 정부가 낙농장려 정책을 펼치면서 우리나라 대중들이 치즈를 접하기 시작했다.

＊ 치즈는 종류에 따라 다양한 음식으로 만들어진다.

원래 치즈는 유목민들이 가축의 젖을 짜서 염통 가죽 주머니에 넣고 다니다가 변질된 젖을 가공 처리하면서부터 먹기 시작했다. 이후 시대를 거듭하며 곡물 생산의 증가, 가축 사육의 확대, 우유 생산이 늘어나기 시작하면서 독자적인 음식으로 자리를 차지했다.

치즈는 각 나라마다, 지방마다 고유한 향미를 지니며 종류가 다양하다. 그리고 어느 나라, 어느 지방의 치즈도 스스로 부족하다고 양보할 생각이 없는 것 같다. 치즈는 장기간 보관이 가능하다. 또 곰팡이가 피어도 버리는 것이 아니라 걷어 내고 숙성된 맛을 느낄 수 있다. 이러한 치즈의 맛을 즐길 줄 아는 사람들에게 치즈는 제대로 된 식도락일 것이다.

우리나라에서 치즈는 여전히 서구권에서 그 맛을 알게 된 소수의 사람들에게 먹거리로써 그 의미가 큰 것 같다. 하지만 젊은 세대들 가운데 일부는 와인과 마찬가지로 서구의 마실거리와 먹거리에 자신의 입맛을 적응시키려 애쓰는 것처럼 보인다. 와인이나 치즈를 즐기면 막걸리와 부침개를 즐기는 것보다 있어 보인다는 생각이 들기 때문인지도 모르겠다.

이들의 애씀 때문인지 우리나라에서 치즈의 가격은 꽤 비싼 편이다. 치즈는 사실 우리가 꼭 먹지 않아도 살아가는 데 별 지장이 안 되는 음식이다. 그러나 오늘날 커피 열풍이나 와인 열풍을 보며 치즈 열풍도 따라 분 것 같아 애매한 느낌이 든다. 애매하다고 한 까닭은 우리 경제가 어려워지면 커피, 와인, 치즈 열풍은 언제 그랬냐는 듯 스러져 버릴 것 같기 때문이다.

치즈의 유래

유목민

치즈에 관한 전설은 아라비아의 카나나 상인이 염소의 젖을 양의 위로 만든 주머니에 채우고 길에 나섰다가 시간이 흐른 뒤 주머니를 기울이니 흰 덩어리로 굳어 있었다는 것이다. 그러나 치즈는 카나나보다 훨씬 앞서 살았던 선조들이 발견했다는 설도 있다. 크레타의 미노아 문명 지역에서 출토된 구멍 뚫린 그릇은 치즈 제조에 쓰였던 것으로 추정되며, 메소포타미아의 수메르인들이 남긴 설형문자의 일부는 치즈 생산량에 관한 것으로 해독된다.

치즈는 손을 쓰지 않아도 적당한 조건에 방치하면 우유의 젖당이 산화하여 치즈로 응고된다. 그러므로 중앙아시아의 유목민들이 우유를 마시는 것을 시작으로 치즈의 역사도 시작되었다고 할 수 있다.

13

카페

커피 한 잔의 자본주의

CAFE

"카페는 자유를 위한 길이다."

실존주의 사상가 장 폴 사르트르

카페의 홍수

○○○○○○○○○

오늘날 우리나라에 얼마나 많은 카페가 있는지 정확히 알 수 없다. 매일 많은 카페들이 경영난으로 문을 닫고 있지만 더 많은 카페들이 새로 문을 열고 있기 때문이다. 이러한 카페 난립 현상은 서울의 신촌 대학가, 홍대 앞, 강남의 신사동이나 청담동뿐 아니라 지방의 작은 도시에서도 쉽게 볼 수 있다. 대표적인 예로 인구 20만에 불과한 강원도 강릉에는 200여 개가 넘는 커피 전문점이 있으며 매년 가을마다 성황리에 커피 축제를 개최하고 있다.

40년 전, 어둠침침하고 담배 연기 자욱한 다방은 모닝커피의 주문으로 하루 시작을 알렸다. 모닝커피를 주문하면 계란 반숙은 기본, 종종 토스트도 곁들여 나왔다. 쌍화탕에는 계피 가루가 조금 뿌려졌다. 마담과 '레지'들이 삶은 밤 반쪽, 찹쌀떡 한 조각과 함께 날계란 노른자가 든 커피 잔을 쟁반에 담아와 손님 옆자리에 앉기도 했다. 이보다 시설이 낮고 찻값이 좀 더 비싼 음악다방에서는 장발의 남자 DJ들이 LP 음반이 가득한 유리 부스 안에 앉아, 분위기 잡는 저음의 목소리로 손님들이 메모지에 쓴 신청곡을 틀어 주곤 했다.

✧ 1970년대 다방 풍경

예술과 지성이 숨 쉬는 곳

◦◦◦◦◦◦◦◦◦

우리나라에 카페가 우후죽순처럼 들어선 지는 10여 년이 채 안되었다. 카페의 발전은 아라비아커피 맛에 중독된 사람들이 기하급수적으로 늘어난 17세기 이후 서양의 새로운 문화 현상과 관계가 깊다. 종교음악 작곡 숙제에 짓눌려 지내던 바흐조차 커피에 대한 사랑으로 그 유명한 〈커피 칸타타〉를 작곡했으니, 카페에서 커피를 즐기는 것은 일찍부터 휴식의 성격을 지녔던 것 같다.

카페가 본격적으로 번성한 곳은 서구 문화의 중심지 이탈리아 베네치아와 프랑스 파리였다. 베네치아의 성 마르코 광장에는 1750년 '헝가리 여왕Regina d'Ungheria'이라는 카페가 문을 열었다. 그런데 얼마 뒤 '왕관 쓴 곰Orso Coronato'으로 이름을 바꾸더니 1860년에 '라베나Caffé Lavena'로 다시 이름을 바꿨다. 매일 오후 라베나를 찾은 바그너를 비롯해, 리스트와 루빈시테인, 로스트로포비치, 카를 뵘 등 유명한 음악인들이 이 카페를 애용했다. 최근에도 베네치아 영화제 기간에 많은 은막의 스타들이 라베나에서 커피를 마시며 베네치아의 정취를 즐긴다.

파리에는 프랑스 카페의 원조라 불리는 '프로코프Le Procope'가 있다. 1686년 문을 연 프로코프는 출입구 유리 상자 안에 나폴레

+ 유명인들이 즐겨 찾는 카페 플로르

옹이 썼던 모자를 전시하고 있다. 프로코프는 지금도 그 역사를 밑천으로 여유 있는 파리 시민들과 많은 외국인 관광객들을 불러 들인다. 프로코프를 사랑했던 유명인들 가운데 혁명가로는 로베 스피에르, 당통, 마라 등이, 지성인 문필가로는 볼테르, 보마르셰 등이 있었다. 심지어 러시아 혁명의 아버지 레닌도 단골 명단에 이름을 올리고 있었으며 미국의 작가 헤밍웨이와 제임스 조이스 도 마찬가지였다. 인상파 화가들이 인상파를 결성했던 장소도 바 로 프로코프였다.

헤밍웨이는 파리를 대표하는 다른 카페 두 곳도 강력하게 추천 했다. 그 하나는 실존주의를 대표하는 사르트르와 보부아르가 즐겨 다니던 '플로르Café de Flore'이고, 다른 하나는 미테랑 전 프랑스 대통령이 단골이었던 '리프Lipp'이다. 이들 카페들이 센 강 왼쪽 거리에 자리 잡은 반면, 센 강 우측에는 '코스테Coste'와 '보부르Beaubourg' 같은 젊은이들이 즐겨 찾는 카페가 있다.

프랑스 사람들에게 카페는 친구나 연인과 커피를 마시고 간단히 식사를 하며 우정과 애정을 쌓는 장소이다. 또한 개인의 업무를 처리하거나 업자들끼리 거래가 이루어지는 공간이기도 하다. 한편으로는 세상 문제에 대해 토론을 하고 일상의 삶을 지켜보는 복합 문화의 장으로써의 성격을 강하게 나타낸다.

TALK ON

카페를 사랑한 유명인들

고흐 아를의 카페는 고흐가 〈밤의 카페테라스〉를 그린 후 '카페 반 고흐'로 이름을 고쳤다.

고종 덕수궁에 '정관헌'이라는 서양식 건물을 지어 서양음악을 들으며 커피를 즐겼다.

나폴레옹 카페 프로코프에서 열 잔의 커피를 마시고 돈 대신 모자를 맡겼다.

헤밍웨이 카페 리프에서 소설 《무기여 잘 있거라》를 탈고했다.

미국 드라마 〈섹스 앤 더 시티〉의 캐리 스타벅스에서 노트북으로 칼럼을 쓰곤 했다.

조앤 K. 롤링 해리포터 시리즈는 에든버러의 카페에서 나왔다.

전 미국 연설문 담당관 존 파브로 오바마 대통령의 취임 연설문을 쓴 곳은 스타벅스였다.

카페, 마을 회관을 대체하다

°°°°°°°°°

과거 우리나라에도 시원한 정자나무 아래 넓은 평상에 모여 앉아 마을의 대소사나 동네 사람들의 이야기를 나누는 만남과 토론의 장이 있었다. 오늘날에는 농촌의 마을 회관이나 노인정에 가야만 이러한 광경을 볼 수 있게 되었다. 그런데 마을 회관과 노인정은 앞서 이야기한 프랑스 카페와 같은 장소는 아니다. 도대체 왜 그렇게도 우리 사회에서 요원燎原의 불길이 번지듯 카페의 숫자가 늘어나는 것일까?

최근 일자리 창출의 여지가 많은 서비스 산업이 주목받고 있는데 그 일환으로 카페가 특히 늘어났다고 보는 견해가 있다. 이러한 경제적 설명은 그럴듯하다. 왜냐하면 마을 회관이나 노인정은 일자리를 만들고 운영을 통하여 수입을 올리는 개인 기업이 아니기 때문이다. 이에 반해 카페는 상당한 금액의 자본을 투자해 최신 시설과 품위 있는 분위기를 갖추고 손님에게 서비스를 제공해 매출을 올리는 기업임이 분명하다. 즉 카페의 존재 이유는 과거 우리 방식대로 사람들과 음식을 나누며 이야기하는 공동체가 아닌, 이윤을 얻기 위한 사업체의 성격에 있는 것이다. 그리고 이러한 속성은 외식 전문 대기업들의 공격적인 카페 확대 전략을 통해 더욱 강화되고 있다.

과거 우리 사회는 여가에 휴식을 즐기는 대가로 별도의 비용을 지불할 필요가 없었다. 하지만 지금 카페를 이용하려면 정담을 나누든 휴식을 즐기든, 또는 업무를 처리하든 일정 비용을 지불해야 한다. 음식을 나누며 무료로 휴식을 즐겼던 우리가 카페에서 적지 않은 돈을 쓴다는 것은 개인의 휴식이나 인간적인 만남에도 비용을 지불해야 한다는 점을 저항 없이 받아들이고 있다는 증거이다.

이상(李箱)과 카페

천재 시인 이상은 백부에게 상속받은 유산으로 1930년대 초 청진동에 다방 '제비'를 개업한다. 황해도에서 만난 기생 금홍을 제비의 마담으로 앉히고, 그녀와 뒷방에서 동거를 시작한다. 제비는 이태준, 박태원, 정지용 등 당대 일급 문인들이 단골로 드나드는 곳이었다.

그동안 경영난을 겪던 제비는 금홍이 바람을 피우고 집을 나가면서 2년 만에 문을 닫게 된다. 이때의 경험을 되살려 쓴 소설이 〈날개〉이다. 이상은 이후에도 '쓰루(鶴)', '식스 나인', '무기(麥)' 등의 카페를 운영했지만 모두 실패했다.

영화 〈금홍아 금홍아〉 포스터(태흥영화사 제공)

자본주의는 이윤 창출을 염두에 두고 사람들의 만남까지 상업화하고 있는데, 우리들의 뇌리 속에는 이것이 당연한 것으로 각인되고 있다.

현재 우리 사회에서 불나방처럼 늘어나는 카페 개업 현상을 걱정스럽게 지켜보며 서구 문화의 파괴력에 다시 한 번 움찔하지 않을 수 없다. 조금이라도 더 시설이 좋고 커피가 맛있는 카페에서 시간을 보내기 위해 우리가 지불해야 할 비용은 늘어나고 있는데, 이러한 경향은 당분간 지속될 것 같다. 우리는 어느 단계에 이르러야 더 멋있고, 더 맛있고, 더 분위기 좋은 것을 강박적으로 추구하지 않게 될까? '왜 최선을 다하지 않는가'를 묻는 대신 '왜 최선을 다해야 하는가'를 당당하게 물을 수 있는 사람들이 많아지길 희망하는 것은 단지 패배주의자들이 내세우는 자기합리화만은 아니다.

14

휴대전화

소통의 수단 VS 단절의 씨앗

CELL PHONE

"휴대전화는 우리로부터
모든 고독과 사색과 성찰을 빼앗아 가 버렸다."

영화감독 봉준호

침묵 속의 스마트 세상

°°°°°°°°°

2013년 우리 주변에 스마트 폰을 들고 다니는 사람들이 많아지면서 나타난 현상 가운데 하나는 대중교통을 이용할 때 주변이 비교적 조용해졌다는 사실이다. 물론 나이 지긋하신 분들은 여전히 공공장소에서 큰 소리로 휴대전화를 사용하고 있기는 하지만 전반적으로 젊은 세대들은 SNS나 문자를 많이 사용하기 때문에 손가락은 바쁠지언정 주변을 시끄럽게 만들지는 않는다.

삐삐에서 군대 무전기를 연상시키는 벽돌만한 휴대전화(1983년 모토로라에서 최초로 개발한 휴대전화 무게는 2kg이었다), 접이식 휴대전화 그리고 최근의 스마트 폰까지 이동통신 기기의 진화를 지켜보고 있자니 조금 과장하면 빠른 변화에 정신이 혼미할 정도다.

이동통신은 말 그대로 움직이면서 주변 사람들 또는 새로운 정보들과의 소통을 담당하는 통신 수단이다. 다시 말해 사용자에게 언제 어디서나 외부 세계와 단절되지 않고 연

+ 세계 최초의 휴대전화인 모토로라 다이나택 8000X

결되어 있다는 확신을 주지 못하면 이동통신은 제 기능을 바르게 해내고 있지 못하는 셈이다.

최근 가계 지출 가운데 이동통신에 드는 비용을 무시할 수 없게 되었다. 식구마다 휴대전화가 있어 각각 이동통신 비용을 지불해야 하니 가난한 집안에서는 휴대전화 사용 요금 때문에 싸움도 자주 일어난다. 게다가 청소년이나 어린 아이들이 스마트 폰 게임에 중독된다면 그 비용은 더욱 증가해 큰 말썽이 되기도 한다.

한 통의 전화가 살린 목숨, 김구 선생

전화 한 통에 목숨을 구한 사람이 있었으니 바로 백범 김구 선생이다.

1895년, 을미사변으로 명성황후가 시해되자 김구 선생은 원수를 갚기 위해 일본 육군 중위를 살해했다. 이로 인해 사형선고를 받게 되고 이 사실을 알게 된 고종이 인천 감옥에 직접 전화를 걸어 사형 집행을 중지시켰다. 마침 이날은 덕수궁 내부에 전화기가 개통된 지 사흘째 되는 날이었다.

권력은 돈이 있는 곳과 함께

○○○○○○○○○

30여 년 전만 해도 우리 사회에서 휴대전화를 들고 다니는 사람들은 극소수에 불과했다. 당시에는 군경, 대기업 간부, 응급실 의사 등 언제나 연락이 되어야 하는 사람들만이 휴대전화를 소지했다. 초등학교 학생들도 휴대전화를 들고 다니는 오늘날과는 아주 달랐다.

그렇다면 지금은 초등학생들도 특수 기관의 요원이나 대기업 임원의 신분이라도 얻은 것일까? 분명 요즈음 어린이들의 몸값이 베이비 붐 시대와 비교할 때 훨씬 비싸진 것은 사실이다. 그래도 VIP 신분이 된 것은 아닐 것이다. 부모들은 어린 자녀들의 안전과 일탈을 막기 위해 족쇄를 채워 놓는다는 의도로 휴대전화를 사 준다. 하지만 예상을 벗어나는 아이들의 창조 능력은 이 족쇄를 금세 장난감으로 바꾸었다.

해마다 제조업자들은 새로운 버전의 기기를 내놓는다. 그러면서 이 기기들은 당신의 삶의 질을 높이고, 생활에 혁신적인 도움을 준다고 말한다. 그러나 언제나 그랬듯 기술의 발전에 수반되는 부작용에 대한 우려는 심각한 문제점들이 노출된 뒤에야 주목받는다. 이러한 부작용의 발생 원인에는 돈벌이에 눈이 먼 어른들의

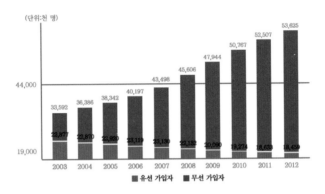

(단위:천 명)

	2003	2004	2005	2006	2007	2008	2009	2010	2011	2012
무선 가입자	33,592	36,386	38,342	40,197	43,498	45,606	47,944	50,767	52,507	53,625
유선 가입자	22,877	23,870	22,920	23,119	23,130	22,132	20,090	19,274	18,653	18,459

+ 유선·무선통신 가입자 현황(미래창조과학부 통계자료)

적극적인 개입도 당연히 포함된다.

지난해 미래창조과학부가 발표한 자료에 따르면 우리나라 이동통신 가입자 수는 9년간 2천만 명가량 늘어났다. 이동통신 가입자의 급성장과 더불어 핀란드의 노키아나 우리나라의 삼성과 같은 휴대전화 제조업체들은 세계 경제의 주역으로 자리매김했다. 신형 휴대전화에 새로운 기능들이 추가되면서 이와 관련된 콘텐츠를 제공하는 부대 사업 매출 규모도 폭발적으로 늘어났다.

21세기, 지구촌 많은 사람들은 휴대전화가 없으면 불안감을 느끼고 청소년들은 휴대전화를 쓰지 못하는 상황에 놓이게 되면 발작 증세까지 보인다. 그런즉 휴대전화에 들어가는 지출은 지구촌 어느 곳에서나 큰 부담이 되고 있다. 이를 보면 이동통신 사업은 황금알을 낳는 거위임에 틀림없다. '권력은 돈이 있는 곳과 함께'라는 격언을 되새기면 기업들이 왜 그리도 휴대전화 사업에 목매는지 조금이나마 생각하지 않을 수 없다.

1세대에서 4세대에 이르기까지

○○○○○○○○○

원래 이동통신은 제2차 세계대전 기간 군대에서 작전을 위해 본격적으로 개발되었다. 병력의 이동과 배치, 공군과 포병의 지원을 전투 현장에서 받는다면 적과의 전투에서 유리한 고지를 선점할 수 있었다. 군 지휘관은 무전기를 이용하여 예하 부대원들로부터 전투 상황을 보고 받고 명령하며 작전을 펼쳤다.

1946년 6월 17일 AT&T(미국 통신 회사)는 벨Bell 사의 이동통신 기술을 이용하여 민간 부분 서비스를 시작했다. 그러나 비용이 너무 비싸 실용적이지는 못했다. 1971년 이동통신 기기의 무게는 10kg으로 크게 줄었지만 여전히 들고 다니며 사용하기는 불가능했다. 1979년 일본의 NTT(일본 통신 회사)는 도쿄 지역 내에서 처음으로 이동통신의 상용화에 성공했고, 1981년 NMT(자동 휴대전

화 시스템)는 덴마크, 핀란드, 노르웨이, 스웨덴에서 국제 로밍이 가능한 이동통신 시스템을 구축했다(1G, 1세대 이동통신). 2G는 디지털 이동통신의 개발로 비롯되었고 2001년 3G의 시작 역시 일본의 NTT 도코모가 열었다. 오늘날에는 이미 4G, LTE의 세대로 진입했다. 앞으로 이

+ 1990년대 중반의 휴대전화와 현재의 스마트 폰

동통신의 진화가 어떻게 될지는 관련 분야의 전문가들도 예측하지 못하고 있다.

외로움을 걸고 받는 사람들

○○○○○○○○○

이동통신은 인간이라면 그 누구도 겪고 싶어 하지 않는 외로움이라는 감정을 나름대로의 방식으로 일순간 경감시켜 준다. 현대 문명 세계에서 우리는 의지와 상관없이 원자화되었다. 원자화된

개인은 사회라는 거대하고 복잡한 사슬 속에서 벗어나지 못하고 이런저런 방식으로 서로 엮여 있다. 결코 홀로는 살아갈 수 없는 현대 사회지만 동시에 수반되는 외로움 또한 피할 수 없다.

그래서 사람들은 이 문제를 잊게 만드는 치료제 구입에 상당한 비용을 지불해 왔다. 특히 어린아이들의 경우에는 사업이나 전쟁에서 이기기 위해 휴대전화를 쓰는 것이 아니다. 그렇기 때문에 더욱더 누군가와의 단절이나 격리를 피하기 위해 목에 휴대전화를 걸고 다니는 것처럼 보인다.

전화기를 대하는 태도

현재 우리들은 언제 어디에서나 SNS를 통해 쉽게 사람들과 소통한다. 그러나 우리나라에 전화기가 처음 도입될 때만 해도 지금과는 사뭇 다른 모습이었다.

1896년 우리나라 최초의 자석식 전화기가 덕수궁 내부에 설치됐고, 이 전화는 주요 관아는 물론 인천까지 개통됐다. 이때 관료들은 고종에게서 전화가 오면 관복을 모두 갖춰 입고 전화기를 향해 큰절을 네 번 한 뒤에야 전화를 받을 수 있었다. 당시에는 전화기로 들려오는 목소리와 상대방의 존재를 동일시했기 때문이다.

스마트 폰 속으로 숨은 아이들

ooooooooo

1960년대, 대한민국은 늦게나마 산업화의 첫걸음을 내딛었다. 비록 사회는 빠르게 변해 갔지만 공동체라는 속성은 여전히 남아 있었다. 당시 도시의 어린이들은 학교가 파한 후면 학원을 다니기는커녕 동네의 좁은 골목길에서 다방구 놀이나 고무줄 놀이로 파김치가 될 때까지 놀다가 어둑해져서야 집으로 돌아갔다. 중학교도 시험을 보고 합격해야 진학할 수 있는 시대였지만, 영어도 모르고 학력은 신통치 않아도 동네 어른들의 눈길과 보살핌을 받으며 공동체의 한 구성원으로 성장해 갔다.

그러나 오늘날 도시의 삶에서는 공동체의 속성이 희미해졌다. 현관문만 닫으면 적막강산이 되는 아파트, 핵가족과 한 자녀로 구성된 가정 속 어린이들은 오직 부모와 관계를 맺을 뿐이다. 그러니 이런 어린아이에게 부모와의 격리는 곧 세상과의 단절이 되는 것이다.

농업이 기본을 이루던 사회에서 산업혁명을 거쳐 후기 산업화 시대에 이르니 서비스 산업이 경제의 기본 틀을 이루게 되었다. 이 변화 과정에서 개인 한 명, 한 명은 더 똑똑해지고, 번듯해졌다. 그러나 동시대를 살고 있는 우리들은 공동체의 구성원이라는 안

✦ 휴대전화는 사람들과 소통의 수단으로 사용되나 역으로 관계의 단절을 동반하기도 한다.

도감을 잃었다. 한쪽에서는 단절과 격리를 끝까지 밀고 나가고 다른 한쪽은 그러한 경향을 피하기 위해 물질을 통해서라도 엮이려고 애쓰는 행태는 우리 사회 어른들이 어린아이들의 목에 휴대전화를 채워 주는 것에서 절감한다.

15

신용카드

안락한 덫

CREDIT CARD

"돈을 빌릴 때에는 웃지 말라.
빌릴 때 웃으면 갚을 때 울 것이다."
인류의 문화유산 탈무드

소비 권하는 사회

◦◦◦◦◦◦◦◦◦

오늘날 우리가 현금 대신 사용하는 신용카드는 모든 종류의 상품이나 서비스를 간편하게 구매할 수 있는 지불 수단이다. 신용카드는 19세기 말 에드워드 벨러미의 공상 소설《뒤를 돌아보면서》에서 제일 처음 등장했다. 새로운 자본주의 상업 사회의 도래를 유토피아적 관점에서 묘사하는 과정에서 신용카드가 열한 번이나 언급되었던 것이다.

그러나 오늘날 신용카드와 그 성격이 유사한 카드의 사용은 1921년 미국의 정유 회사인 웨스턴 유니온 사에서 시작되었다. 1920년대 미국에서 개인 소유의 자동차가 크게 늘어나면서 웨스턴 유니온 사는 단골 고객에게 연료 충전 카드를 발급하기 시작했다. 당시의 카드는 두꺼운 종이 재질이라 위조하기가 쉬웠다고 한다. 이후 몇몇 회사에서 이 서비스를 도입했고, 1938년이 되자 서로 다른 회사의 신용카드도 받기 시작했다.

그 후 지금까지 여러 카드 회사들이 공동 판매망을 구축하고 신용카드 가맹점이 증가하면서 신용카드 사용자가 크게 늘어났다. 이와 더불어 신용카드 사용 금액도 폭발적으로 커졌다. 그러나 신용카드 제도의 놀라운 발전은 결국 매출을 늘리기 위한 제조, 유통, 금융 업체의 번뜩이는 아이디어의 결과였다. 사람들이 편하게 소비할 수 있도록 정성을 다해 도움을 주겠다는 신용카드 관련 업체들의 뛰어난 설득에 넘어가, 많은 사람들이 미래의 소득을 앞당겨 쓰게 되었다. 과거에는 당장 현금이 없으면 상품 구매가 불가능했는데, 이제는 신용카드 때문에 미래의 소득을 전제로 미리 당겨 소비할 수 있으니 상품의 매출 규모는 커질 수밖에 없는 것이다. 비록 미래의 수입은 불확실하지만 말이다.

한국의 신용카드, 그 시작

우리나라 최초의 신용카드는 1969년 신세계 백화점 카드로 알려져 있다. 그 이전에는 직장이 보증된 봉급 생활자들에 한해서 외상으로 상품을 팔고 월급 때 대금을 돌려받는 카드 판매제가 시행되고 있었다. 이것이 60년대 후반에 은행의 정기 예금자를 상대로 '크레디트' 카드를 발급하여 예금을 담보로 신세계 백화점의 상품을 판매하는 형태로 발전했다.

당시 가입자는 300여 명 남짓으로, 일본에서 전문 신용카드 회사가 생겨나 60만 명이 가입되어 있는 것에 비하면 상당히 낮은 수준이었다.

덮어놓고 긁다 보니 결국은 국가 위기?

○○○○○○○○○

우리나라 속담 중에 '외상이면 소도 잡아먹는다'라는 말이 있다. 당장 좋을 수 있다면 장차 어떤 어려움이 찾아와도 '에라, 모르겠다! 우선 쓰고 보자'라는 마음을 단적으로 표현한 말인 것 같다. 이는 늘 하루하루를 연명할 뿐 미래를 대비하는 역사적 경륜이 부재했던 우리 사회에 깊숙이 뿌리내린 말일 수 있다.

1997년 이후 우리나라는 소위 'IMF 사태'라는 국가 부도의 위기를 겪었다. 당시 김영삼 문민정부는 취임 초에 군대 내 사조직 '하나회' 정리, 금융실명제 시행, 외환 자유화 조치 등으로 국민의 절대적 지지를 받았다. 분명 외관상으로는 성과 있는 정치 · 경제적 업적을 쌓았고, OECD 가입에도 성공하며 단군 이래의 태평성대를 읊조렸다. 그러나 속 빈 강정이라고나 할까. 당시 우리 경제는 겉보기엔 멀쩡했으나, 단기 외채가 많아 국제 투기 자본이 한꺼번에 빠져나가면 외환 위기를 피할 수 없는 형편에 놓여 있었다. 외국에서 빌린 돈을 제 날짜에 갚지 못할까 봐 노심초사하며 겨우 국가 부도를 모면하고 있었던 것이다.

그럼에도 많은 국민들은 자신들이 경제적으로 넉넉하다고 생각하고 있었다. 왜냐하면 정부가 국민들을 환상에 빠지게 만들었고, 우리도 듣기 좋은 정부의 말을 그저 눈감고 믿고 싶었기 때문이다. 당시 우리나라 여론을 주도한다는, 소위 사회적 목탁의 기능을 담당해야 할 대형 언론사나 공중파 방송들이 우리 경제의 구조적 문제에 대해 심층 보도하고 국민들을 겁준 것은 더 이상 국가 부도의 위기를 숨길 수 없게 된 이후였다.

칼자루를 쥔 IMF는 우리 정부에게 급전을 빌려 주는 대신, 일방적인 전제 조건의 수용을 강요했다. 우리 경제 당국은 맥없이 무조건 항복을 선언한 뒤 곳간의 열쇠를 저들에게 넘겼던 것이다.

이후 많은 대기업들이 문을 닫으며 실업자들을 양산했다. 퇴직금을 받아 식당 등을 창업하며 소규모 자영업에 뛰어든 전직 사무직들은 손님 구경 한번 못 해 보고 파산자로 전락하여 길거리에 나앉았다. 이후 이혼의 급증으로 가정마저 해체되어 어린 자녀들이 사회복지시설로 보내졌다. 또한 이때 본격적으로 시작된 중산층의 해체와 빈부 격차는 지금까지도 해결하기 어려운 난제로 방치되고 있다.

✤ 무분별한 신용카드의 사용은 국가의 경제 위기를 초래하는 데 일조했다.

일상 속에 스며든 서양의 문화

규격의 표준화, 경제의 양극화

○○○○○○○○○

개인의 경우에는 처한 여건에 따라 미래를 대비하지 못하거나, 혹은 오늘을 충실히 지내기 위해 미래를 포기하기도 한다. 그러나 국가가 눈앞의 업적 쌓기와 당장의 민심을 얻기 위해 미래를 위한 기본 대책을 마련하지 못한다면 그것은 제대로 된 국가가 아니다. 국가의 존재 이유, 즉 국가의 가장 중요한 책임은 국민의 생명과 안정된 삶을 지켜나가는 데 있는 것이다.

외부에서 군사 공격을 받은 것도 아니건만, IMF는 사회 구성의 기본 단위인 가정을 해체하고 자살자를 양산했으며 중산층을 붕괴시켰다. 그 근본적 이유는 쉽게 말하자면 우리가 빚을 갚지 못한 채무자 신분으로 전락했기 때문이었다.

IMF 사태 직전, 붉은 드레스를 입은 미모의 여배우가 아침에는 헬스, 점심에는 우아한 식사, 저녁에는 품격 있는 예술을 신용카드 한 장으로 즐길 수 있다고 말하는 광고를 기억하는 사람들이 있을 것이다. 이 광고는 당시 큰 인기를 끌었고 사람들은 광고 속 여배우처럼 살기를 꿈꿨다. 신용카드 한 장으로 인생을 충분히 즐기며 멋진 삶을 살아갈 수 있다는 유혹에 넘어가 미래의 소득을 당겨쓰다가 신용불량자로 전락한 사람들이 얼마나 많았던가?

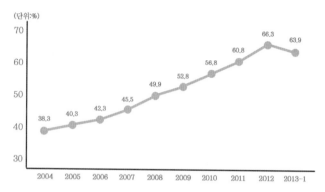

(단위:%)

| | 2004 | 2005 | 2006 | 2007 | 2008 | 2009 | 2010 | 2011 | 2012 | 2013-1 |

38.3 40.3 42.3 45.5 49.9 52.8 56.8 60.8 66.3 63.9

✦ **연도별 신용카드 비중(여신금융협회 통계자료)** 우리나라에서 소비 지출 대비 신용카드 이용 비중은 꾸준히 증가해 왔는데, 2013년에는 소폭 하락했다.

신용카드는 모든 사물을 포함해 인간의 삶과 인간 사이의 관계까지도 상품으로 만드는 자본주의 상업 경제의 주역이다. 신용카드 문화의 세계적 확산 때문에 많은 사람들이 경제적 예속 신분으로 조금 더 쉽게 전락하는 듯하다. 전 세계 대형 카드 회사는 모두 가로 85.60mm와 세로 53.98mm의 표준화된 플라스틱 규격을 지킨다. 지구촌 70억 인구에게 표준화를 강요하고 그로부터 가장 큰 이익을 챙기는, 우리 눈에 잘 드러나지 않는 힘을 알아차릴 수 있도록 우리가 조금 더 총명해질 필요가 있다.

관련 업체들의 말대로 신용카드가 생산과 소비의 발전을 돕는 편리한 지불수단이라면, 신용카드 때문에 그렇게도 많은 사람들,

특히 가난한 사람들이 신용카드의 수렁에서 헤어나려고 버둥대고
있을 것 같지는 않다.

《뒤를 돌아보면서》에 등장한 상상 속 신용카드

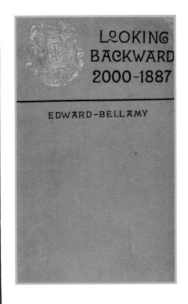

1887년에 잠든 주인공 웨스트는 2000년에 깨어나 신용카드를 처음 접한다. 여기서 19세기 작가가 상상한 21세기 신용카드의 모습을 엿볼 수 있다.

– 개인이 국가의 생산에 기여한 몫에 따라 국민에게 신용카드를 발부한다.
– 신용카드로는 공공 창고에 있는 모든 것을 구매할 수 있다.
– 물건 구매, 가정부 고용, 병원 진료에 이르는 모든 것들이 가능하다.
– 카드의 정사각형 칸에 구멍을 뚫음으로써 결제가 이루어진다.
– 여자도 남자와 똑같은 신용액을 부여받는다.

16

웃음

청춘의 묘약

LAUGH

"당신이 웃고 있는 한 위궤양은 악화되지 않는다."

웃음 치료사 패티 우텐

웃지 않는 한국 사회

○○○○○○○○○

40여 년 전, MBC TV 방송 중에 〈웃으면 복이 와요〉라는 주말 장수 프로그램이 있었다. 구봉서, 배삼룡, 서영춘 등 전설 속의 코미디언들이 모두 이 프로그램에 나와 국민들에게 큰 웃음을 선사했다. KBS 1TV 〈전국노래자랑〉의 노익장 송해도 조연으로 출연해 어리바리한 연기를 펼치며 웃음을 더했다. 오늘날 젊은 세대의 인기에 기대어 KBS 2TV 〈개그콘서트〉가 코미디 영역을 장악하고 있는 것처럼, 〈웃으면 복이 와요〉는 과거 열악한 방송 조건 아래에서도 온 국민의 사랑을 받았다.

예나 지금이나 코미디언들은 웃음을 다소 천시하는 우리 사회의 독특한 풍토 속에서 우리에게 웃음을 주려 무진 애를 쓰는 전문 직업인들이다. 이들이 웃음을 만들어 내기 위해 애쓰는 모습들을 보면 안쓰러울 때가 많다. 사실 우리 전통 사회에서 웃음은 비교적 낮은 평가를 받은 사회관계의 행동거지였다. 잘 웃는 사람은 진중하지 못하고 실없는 사람으로 치부되곤 했던 것이다.

초·중·고등학교 생활기록부만 보더라도, 선생님들은 명랑하고 까불까불해서 주변에 밝은 분위기를 선사하는 학생보다는 과묵하고 진지해서 어두운 분위기를 풍기는 학생을 더 믿을 만하다

일상 속에 스며든 서양의 문화

+ **영화 〈생계〉의 찰리 채플린** 20세기를 대표하는 희극 배우 찰리 채플린의 슬랩스틱 연기는 오늘날 코미디 프로 그램에서도 찾아볼 수 있다.

고 평가했던 것 같다. 웃기는 애들은 마냥 우스운 애들로 여겨졌던 것이다. 결혼식, 회갑연, 취임식이나 퇴임식 등의 단체 사진에서도 입을 활짝 벌리고 웃는 표정을 짓는 사람들은 찾기 어렵다. 웃음이 많은 사람은 종종 헤픈 사람으로 비춰지기 때문이다. 사정이 이러하니 웃음에 인색한 진지한 표정이 우리 사회에서 바람직한 얼굴로 각인되고 있었다.

한국 최초의 코미디언은 누구일까?

우리나라 최초의 코미디언은 윤부길이다. 그는 1940년에 창단된 '컬럼비아 가극단'에서 당시 미국에서 유행하던 복화술을 연기하며 코미디 연기를 보여 주었다. 연극 〈춘향전〉의 방자 역을 맡아 허리춤에 수화기를 차고 나와 사람들의 큰 웃음을 자아내기도 했다.

그는 광복 후 '부길부길 쇼단'을 이끌다가 1957년, 45세에 지병으로 세상을 떴다. 성악과 시나리오, 작곡, 반주에도 능했으며 노래 〈처녀 뱃사공〉을 작사했다. 훗날 코미디언들에게 원맨쇼의 창시자로 추앙받는 윤부길은, 대중가수 윤항기와 윤복희의 아버지로도 알려져 있다.

윤부길의 공연 광고 〈경향신문〉
1964년 6월 16일자

'표리부동'에서 웃음을 배우다

ooooooooo

필자는 '표리부동表裏不同'이라는 옛말을 떠올리며 웃음에 관한 이야기를 조금 더 부연하고자 한다. 사람에 관한 평판 가운데 바람직하지 못한 행동거지를 대표하는 것이 바로 이 표리부동함이다. 이 말에 담긴 '겉과 속이 다르다'라는 뜻은, 겉으로 잘 웃는 사람은 속이 시커매 해코지를 꾸밀 수 있다는 판단으로 이어지게 된다. 그리하여 무뚝뚝한 얼굴이 오히려 겉과 속이 다르지 않은 정직한 얼굴이라는 평가를 받는다. 정직은 어느 사회에서든지 변함없는 개인의 미덕으로 간주되니 정직을 추구하는 우리 사회가 웃음에 극히 인색한 얼굴들로 가득하게 된 것은 아닐까 싶다.

하지만 일본이나 중국 특히 영국에서 표리부동은 사회를 구성하는 시민들이 키워 나가야 할 덕목 중 하나에 속한다. 개인적으로 아무리 불편한 사람이라도 겉으로는 반드시 웃음 띤 얼굴을 보여 주어야 한다는 것이다. 불편한 감정을 있는 그대로 얼굴에 드러내면 마주치며 지나가는 다른 사람들도 불편함을 느낄 수 있으니 자제, 또 자제해야 한다는 이유이다. 이것은 특히 사람들을 손님으로 모셔 생계를 이어 나가야 하는 상인이라면 반드시 익혀야 할 대인관계의 덕목이었다.

그렇다. 과거 우리 사회는 농업으로 먹고 살았다. 주로 땅과 하늘, 가축과 거래하며 살았기 때문에 웃음에 인색했던 것이다. 그러나 오늘날 우리 사회는 여러 민족의 사람들과 관계를 맺고 살아가고 있으며, 이러한 생활 패턴은 당분간 계속될 것 같다. 그렇다면 오히려 얼굴에 웃음을 가득 담고 표리부동해야 할 것을 긍정적 가치로 삼고, 어려서부터 우리 사회 구성원들에게 이를 의무로 가르치는 일이 올바른 교육이 아닐까?

웃으면 죽는 병

목숨을 걸고 웃어야 하는 병이 있다. 아놀드 키아리 증후군(Arnold-Chiari Malformation), 뇌 질환의 일종이다. 아직 원인이 정확하게 밝혀지지 않은 희귀병인데, 발병 시 목 통증, 두통과 피로, 시력 상실, 성대 마비를 비롯해 메스꺼움, 다리 근육 약화 등이 나타난다. 심한 경우에는 웃음으로 혈압이 상승해서 사망에 이를 수 있다고 한다. 다행히 이 병은 몇 차례 수술을 통해 완치될 수 있다.

웃어야 복이 온다

ⓞⓞⓞⓞⓞⓞⓞⓞ

우리나라는 1960년대 이후에야 수출을 통한 상업 경제에 발을 들였고, 그 덕분에 먹고사는 형편이 크게 나아졌다. 해외 교역의 필요성을 인지하고 있는 오늘날에는 세계어로 자리 잡은 영어를 잘하는 사람이 유능한 인재로 평가되기도 한다. 그래서인지 많은 젊은이들이 영어는 기본으로 다양한 외국어를 배우고 있는 추세다.

그런데 이들 가운데 '잘 웃는 얼굴 만들기'를 공부한 사람들은 얼마나 많은지 궁금하다. 지구촌 전체가 하나의 통합된 사회로 급진전하는 풍조 속에서 웃음은 투자 비용이 크게 들지 않으면서도 강력한 효과를 내는 사회간접자본의 하나이기 때문이다.

물론 먹고사는 방법의 하나로써 웃음도 중요하지만 일상 속에서 밝고 환한 웃음을 늘 볼 수 있다면 훨씬 편안한 분위기를 느끼며 살아갈 수 있을 것 같다. '웃는 얼굴에 침 뱉으랴!'라는 말이 있는 것처럼 웃음은 사회 갈등을 줄이는 데에도 큰 기여를 한다.

한걸음 더 나아가 일제강점기 도산 안창호 선생은 웃음을 잃지 않으면 독립의 희망이 있다고 주장하며, 갓난아이들은 방그레, 노인들은 벙그레, 젊은이들은 빙그레 웃을 수 있는 웃음 운동을 펼쳤다.

✛ 웃음은 21세기 글로벌 사회에서 꼭 필요한 덕목이다.

단지 잘 웃어야 한다는 정도가 아니라 잘 웃는 것이 마땅하다는 것을 모두가 받아들인다면, 우리 사회가 더 안정되고 갈등이 없는 사회로 발전할 것이다.

우리는 눈으로 웃고, 미국인은 입으로 웃는다

개인차는 있겠지만 동양인과 서양인이 이모티콘을 쓰는 방식은 조금 다르다. 동양인은 웃을 때 주로 ^^를 쓰는 반면, 서양인은 :-), :-D를 쓴다. 우는 모양도 우리는 ㅠㅠ, :_;를, 그들은 :-(를 쓴다.

동양인은 감정을 절제하는 것이 익숙해서 미묘한 감정을 눈으로 표현하고, 서양인들은 크게 웃는 것이 자연스러워 입을 쓰는 것에 익숙하기 때문이다. 물론 요즘에는 국가 간 장벽을 허무는 네트워크의 발달로 이러한 구분이 점점 무너지고 있는 추세이다.

17

여행

떠나는 자의 권리

TRAVEL

"여행자는 그가 보는 것을 보지만,
관광객은 오직 보러 간 것만 본다."

소설가 길버트 체스터턴

여행, 한국을 유혹하다

ㅇㅇㅇㅇㅇㅇㅇㅇ

오늘날 여행은 레저 산업을 대표하는 분야가 되었다. 일상의 업무를 잠시라도 접어 두고 사무실이나 집을 나와 어딘가로 떠나고 싶다는 생각을 하지 않은 사람이 있을까 싶다. 30년 이상 직장에서 일한 뒤 퇴직한 은퇴자들은 무릎에 힘이 있는 동안 여행을 다니는 것이 가장 남는 장사라고 말한다. 후회가 덜한 삶을 사는 데는 비록 한때이기는 해도 여행이 최고라는 말이다.

＋ 스페인 오비에도의 여행가 동상

그러나 여행은 돈, 시간, 건강 그리고 금상첨화로는 동반자가 있어야 가능한 레저 분야이다. 물론 최근 젊은 세대들 가운데서는 잘나가는 직장을 때려치우고 전세금을 빼거나 집을 팔아 여행 자금을 만든 뒤, 가족과 함께 몇 년 동안 여행을 다니는 용감한 사람들도 많아졌다.

해외여행, 그 문이 열리다

°°°°°°°°°

우리나라 주요 일간신문들은 주말 탈출이라는 제목의 섹션에서 그리고 방송국은 EBS TV〈세계테마기행〉또는 KBS 1TV〈걸어서 세계 속으로〉라는 여행 프로그램을 통해 새로운 여행지와 맛집 소개에 열을 올리고 있다. 유선 채널에는 여행을 전문으로 소개하는 채널T가 있고, 대형 서점에는 여행 코너가 따로 있어 가이드의 역할을 하는 안내서들을 가득 깔아 놓고 있다.

국내의 수많은 여행사들은 엄청난 광고비를 들여 주요 일간지에 아시아, 미국, 유럽 지역의 값싼 단체여행을 소개하는 전면 광고를 매주 선보인다. 국내여행을 제외하고도 해외여행에 대한 국민들의 관심과 참여도가 높아진 것을 보면 지난 30년간 먹고사는 일이 확실히 나아진 것이 틀림없다.

중국 관련 여행업에 종사하는 국내 전문가들도 중국의 여행자들이 지금은 돈이 조금 드는 우리나라를 찾아오지만 소득이 나아지면 유럽 지역으로 쏟아져 나갈 것으로 예측하고 있다. 사람들은 낯선 곳을 찾아가 그 나라의 음식을 먹고 다른 문화를 체험하는 일에 아낌없이 많은 돈을 지출하는 모양이다.

그러나 30년 전만 해도 우리나라에서 보통 사람들이 여행, 특

✦ 3S 정책 프로 야구와 영화 관람이 대중화되었고, 올림픽 개최는 스포츠 각 분야에 대한 관심을 불러일으켰다.

히 해외여행에 나서기는 아주 어려웠다. 이런 상황에서 국내외 여행의 물꼬를 튼 것은 전두환 정권이었다. 1980년대 초반 전두환 정권은 출범의 성격과 어울리지 않는 '정의 사회 구현'이라는 목표를 내걸었다. 그 일환으로 소위 3SSports, Screen, Sex, 즉 건전한 여가 문화 육성 정책을 추진했다. 국민의 정치에 대한 관심을 부담스럽게 생각했던 전두환 정권은 국민의 관심을 다른 곳으로 돌리고자 한 것이다.

3S 정책은 프로 야구를 출범시켰고(1982년), 중·고등학생들의 교복을 벗겼으며(교복자율화, 1983년), 통금을 해제시켜 심야 유흥 문화를 조장했다. 그리고 나아가 해외여행 자유화(1981년)를 시행했다.

✛ 1989년 해외여행 전면자유화 이후 평소보다 2배나 많은 사람들이 비자를 받기 위해 줄 서 있다.

국민들은 공권력이 허용하는 이러한 놀이 문화를 처음 맛보며 반겼고, 당시 어용御用언론들은 레저 향유와 국민 소득 상승을 관련지어 단군 이래 최고의 태평성대라는 용비어천가를 지어 전두환 정권에게 아부하며 부르기도 했다.

해외여행 자유화가 시행된 1981년 이전에는 돈과 시간이 있는 사람들도 여권을 발급받는 일 자체가 어려웠다. 때문에 반세기 동안 전 세계 여행기를 쓸 수 있었던 김찬삼 교수는 많은 사람들의

우리나라 최초의 세계 여행가, 김찬삼

1963년 슈바이처를 만난 한국인이 있었다. 바로 우리나라 최초의 세계여행가 김찬삼이다. 그는 1958년, 전쟁의 상처가 채 아물기도 전에 배낭을 메고 첫 세계 일주를 시작했다. 이후로 1996년까지 총 3회의 세계 일주를 마쳤으며 스무 차례에 걸쳐 160여 개의 나라를 여행했다. 그동안 그가 여행한 거리는 지구 32바퀴를 돈 거리이며, 여행한 순수 시간만 14년이다.

그는 여행을 마치고 돌아오면 기행 서적을 내고 강연을 하며 자신이 듣고 경험한 모든 것을 사람들과 나누고자 했다. 이에 대해 서지학자 김연갑은 '한국 전쟁으로 피폐해진 60년대 국민들의 마음을 달랜 것이 《세계일주 무전여행기》, 70년대 해외 이민 시대를 연 것이 《세계의 나그네》, 세계가 넓음을 알게 해 준 것이 80년대 《김찬삼의 세계여행》이다'라고 평했다.

선망의 대상이 됐다. 그러니 외국 지점에 발령받아 몇 년간 근무하거나 해외 유학을 다녀온 사람들은 국내에서 상당한 능력자라는 평판을 얻었다.

그러나 외국 나가는 일이 수월해지고 외국에서 공부한 사람들도 흔한 오늘날에는 해외 경력을 쌓았다는 스펙이 과거만큼 특권을 보장하는 경력으로 인정받지 못한다. 귀해서 가치가 높았으나 이제는 그렇지 않다는 말이다. 그렇다고 국내 스펙이 흔해진 외국 스펙보다 더 나은 대우를 받는 것은 아니다. 아직도 우리는 스스로에게 낮은 평가를 내리고 있는 모양이다.

여행의 권리

○○○○○○○○○

오늘날 우리들이 시외, 고속버스 터미널에서 버스를 타고 어딘가로 가거나 KTX, 여객선을 타고 여행을 떠날 때에는 건강 상태나 비용 또는 날씨가 문제될 뿐 그 이외에 딱히 문제될 것은 없다. 또한 직장 때문에 이사를 가거나 노후를 생각해서 시골로 거주지를 옮기는 것은 전적으로 개인이 선택할 수 있는 사안이다.

이렇듯 오늘날에는 우리가 마음만 먹으면 다른 지역, 나라로 이

✦ 중세 시대의 농노나 평민들은 이동이 자유롭지 못했다.

동하거나 새로운 타지에 가서 살 수도 있다. 이러한 거주 이전의
자유는 우리가 아무 생각 없이 들이마시는 공기처럼 너무도 당연
한 것이다. 그러나 우리가 당연한 권리로 받아들이는 이 자유는
근대의 귀중한 소산물임을 기억할 필요가 있다.

서양 중세 시대에는 농노나 평민들 그리고 기사 계급조차 영주
의 승인을 받지 못하면 영지를 떠날 수 없었다. 노동력의 상실을
우려한 영주들은 특별한 경우를 제외하고는 자신의 영지에 살고
있는 신민들을 다른 곳으로 보내지 않았다.

메이지 유신 이전 시대의 일본도 마찬가지였다. 지방의 지배자

다이묘大名들은 백성은 물론, 사무라이의 여행도 극도로 제한했다. 허가받지 않고 영지를 벗어난 사무라이들은 주인을 배반한 범법자로까지 취급되었다. 그런즉 근대 이전에는 바깥세상을 본 사람들이 아주 드물었고 그들의 경험은 가치가 큰 것으로 인정받았다.

여행기, 타국의 발견

연암 박지원이 청나라에 다녀온 경험을 바탕으로 쓴 《열하일기》나 다른 여행자들이 쓴 《연행록》과 같은 여행기는 훌륭한 문화를 만들어 살아가는 중국에 대한 놀라움을 담고 있다. 조선 시대 주변에서 쉽게 볼 수 없는 중국의 다양하고 특이한 문화들이 당시 여행자들에게 강한 인상을 남겨 글로 정리됐던 것이다.

서양 문화를 알아본다는 핑계로 여기저기 돌아다닌 경험이 있다. 이집트 기자의 거대 피라미드, 로마의 콜로세움, 그리스의 아크로폴리스, 베르사유 궁의 위용도 직접 볼 기회가 있었다. 그리고 그 유적들을 보고 큰 감동을 받았다. 하지만 베이징의 자금성과 팔달령 만리장성을 보고는 중국의 문화유산이 지구상 어떤 세계문화유산들과 비교할 때 오히려 더 대단하지 않은가 싶었다.

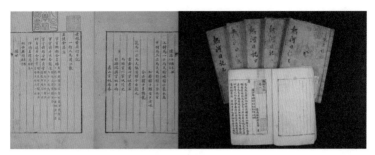

✦ 김창업의 《노가재연행일기》, 박지원의 《열하일기》 (규장각한국학연구원)

자신만만한 서양 문화의 대표 유적들을 본 필자도 중국 문화의 위대함을 느꼈는데 비교 대상이 없었던 조선 시대의 극소수 해외 여행자들은 중국의 건축물을 본 뒤에 더욱더 충격을 받았을 것이다. 중국을 경험한 사람들은 사대주의자로 욕을 먹는 것을 기꺼이 감내하고서라도 중국을 섬겨야 된다는 확신을 가지지 않았을까 싶다.

일제강점기 때 일본에서 유학한 사람들이나 해방 전후 미국을 경험하고 온 사람들은 귀국해서 우리나라의 고관대작이 되거나 문화 분야의 거두로 자리 잡았다. 그들은 각자 본 바가 일본이나 미국이었기 때문에 각각 노골적으로 친일파나 친미파의 기수를 자처하기도 했다.

오늘날에도 군국주의 성향을 보이는 일본이나 전 세계 큰형님

일상 속에 스며든 서양의 문화

을 자처하는 미국은 우리나라의 똑똑한 젊은이들에게 무료 유학이라는 특별한 혜택을 주어 자국에서 배울 기회를 제공한다. 그리고 후에 귀국시켜 자기 국가의 제도와 문화를 확산시키는 데 일조케 하는 정책을 시행하고 있다. 지난 50년간, 일본과 미국이 대한민국 학생들을 대상으로 한 유학생 정책은 투자 대비 엄청난 이익을 안겨 주고 있는 것으로 평가할 것이다.

TALK ON

대한민국 여권 제1호

우리나라에서는 1906년 1월 한국인 외국 여권 수칙을 제정함으로써 최초로 여권을 제도화했다. 일제강점기에 상해 임시정부에서는 여행 증서로 여권을 대치하기도 했는데 현재와 같은 형태의 여권은 광복 후에 처음 만들어졌다. 이승만 대통령이 직접 서명을 날인해 애국가 작곡가인 안익태 선생에게 수여함으로써 그 공을 인정했다. 대한민국 여권 제1호는 안익태 선생에게 돌아간 것이다.

여행과 관광의 경계에서

◌◌◌◌◌◌◌◌◌◌

바깥세상을 직접 체험한다는 것은 비교 대상을 눈으로 보고 겪는다는 의미다. 그렇기에 우리의 시야를 넓힌다는 긍정적인 측면이 있다. 그러나 어디 세상에 좋은 일만 있을까? 양지가 있으면 음지도 있듯이 국내외 여행 경험과 외국 유학은 밝은 측면과 어두운 측면이 반드시 함께 존재한다.

우리나라 여행 관련 풍토 가운데 아쉬운 점은 국내외 여행을 막론하고 많은 여행자들이 유명한 여행 안내서에 따라 여행을 한다는 사실이다.

국내에서는 유홍준의 《나의 문화유산답사기》, 외국에서는 《론리 플래닛 Lonely Planet》을 번역한 안내서들을 경전 삼아 여행하기 때문에 어디를 가나 한

✦ 매년 해외 여행객들은 꾸준히 증가하고 있다.

국 여행객들은 몰려다니는 형국이다.

온라인상에서도 유랑의 여행지 소개는 강력한 힘을 발휘한다. 다른 사람들이 좋다고 다녀온 곳이니까 나도 꼭 가서 보고 오겠다는 욕구는 남과 다른 자신만의 삶을 살아가려는 사람들의 자세와는 다소 거리가 있다. 자신만의 삶을 의미 있고 윤택하게 만드는 여행조차도 남과 비교를 해서 꿀리지 않아야 하니 참 그렇다는 생각이 든다.